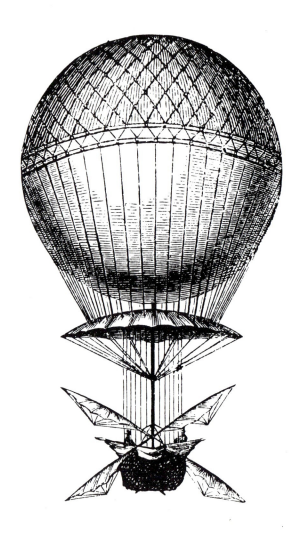

Erhardt D. Stiebner
Dieter Urban

Jllustrationsvorlagen
Picture Sourcebook

Bruckmann München

Herausgegeben in Zusammenarbeit mit
novum
gebrauchsgraphik
Internationale Monatszeitschrift für
Kommunikationsdesign

CIP-Kurztitelaufnahme der Deutschen Bibliothek

Illustrationsvorlagen = Picture sourcebook/Erhardt D. Stiebner;
Dieter Urban. [Hrsg. in Zusammenarbeit mit Novum Gebrauchsgraphik,
internat. Monatszeitschr. für Kommunikationsdesign.]
München: Bruckmann, 1985.
(Novum press)
ISBN 3-7654-1968-0
NE: Stiebner, Erhardt D. [Hrsg.]; PT

Englische Übersetzung: Renate Reimann

© 1985 Verlag F. Bruckmann KG, München
Alle Rechte vorbehalten
Herstellung: F. Bruckmann KG, München
Graphische Kunstanstalten
Printed in Germany
ISBN 3 7654 1968 0

Inhalt   Contents

Vorwort

Mit diesem novum-press-Band »Illustrationsvorlagen« soll den vielen Anwendern mit über 3000 Beispielen die Suche nach Zeichenvorlagen erleichtert werden.
Beruflich und privat ist man oft auf der Fährte nach gezeichneten Vorlagen für Darstellungen aller Art. Manches Mal fehlt auch die Fähigkeit, selbst zu gestalten; deshalb sollen die abgebildeten Illustrationen die Übernahme für den eigenen Gebrauch möglich machen. Die Auswahl kann aber auch umfassende Anregungen für die Gestaltung von Formen und Gegenständen nach eigener Wahl geben.
Unter Illustration versteht man eine Art der Bebilderung, welche im Unterschied zur Zeichnung eher deutet als beschreibt, mehr Stil als Hand-Werk zeigt – also Bild und nicht Abbild ist.
Illustrationsvorlagen sind jedoch weniger Darbietungen im Sinne von Kunst als Darstellungen im Sinne von Zeichnungen. Wer beispielsweise eine Dampfmaschine für den lexikalischen Einsatz oder eine Insektenart für eine wissenschaftliche Abhandlung darstellen soll, wird dies nicht unter dem künstlerischen Aspekt der Illustration sehen, sondern sich vielmehr an der Sache selbst bzw. an einer Vorlage orientieren.

Die Verfasser haben mit besonderer Absicht viele Beispiele aus dem 19. Jahrhundert ausgewählt, da gerade diese Illustrationen durch ihre detailgenaue und handwerklich saubere Ausführung als Vorlagen gut geeignet sind. Die Sammlungen von Zeichenvorlagen aus neuerer Zeit zeigen eine gute Übersicht und manche Anregung für viele Gelegenheiten.
Dieses Kompendium wurde klar gegliedert und übersichtlich gestaltet, um das Auffinden auch für den Ungeübten leicht zu machen. Naturalistische und abstrahierte Darstellungen von Menschen, Tieren, Pflanzen und mobilen Geräten des täglichen Lebens, aber auch von Gebäuden, sowie technische Abbildungen und manches andere bringen einen umfassenden Überblick und geben viele Anregungen für alle, die nach Illustrations- und Zeichenbeispielen suchen.

Preface

With its more than 3,000 examples this *novum press* volume will help its many users to easily find the right illustrative subject.

Professionals and laymen alike are often on the lookout for drawn motifs to illustrate all kinds of subjects. Sometimes they may also not be able to depict a subject themselves. The illustrative material contained in this volume will then help them to adopt special motifs for their own purposes. The selection also provides plenty of inspiration for designing patterns and subjects of one's own choice.

By illustration we understand a way of visualizing that in contrast to the drawing is more of an indication than a description, more style than technique – an impression and not a likeness.

Illustrative subjects, however, are less a depiction in the sense of art than illustrations in the sense of drawings. For example: if we are to illustrate a steam engine for a lexicon or an insect species for a scientific treatise, we do not approach this subject through the artistic aspect of illustration but rather through the thing itself – the subject.

The authors have purposely chosen many examples from the 19th century as, due to their precision and craftsmanlike execution, they are particularly suited for copying. Pattern collections from more recent times offer a good survey and creative suggestions for many purposes.

The compendium has been clearly subdivided and classified to enable also the unaccustomed to easily find what they are looking for. Abstract and naturalistic renderings of men, animals, plants, and devices, but also of buildings in addition to technical illustrations provide a comprehensive survey and plenty of inspiration to anyone looking for illustration and drawing patterns.

9

Close Up SHAMPOO

21

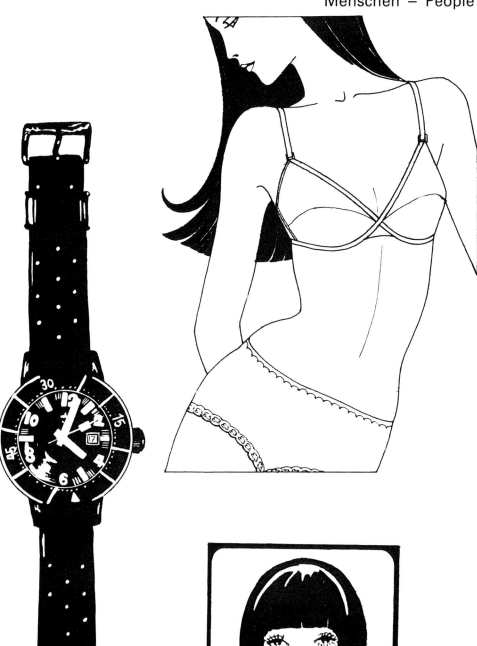

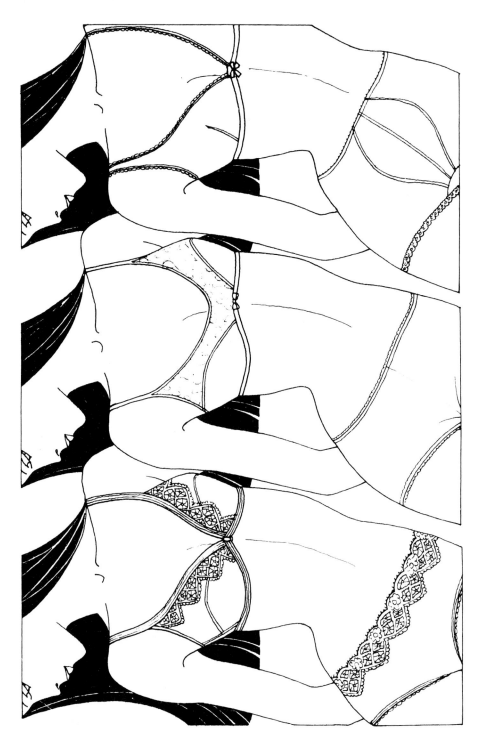

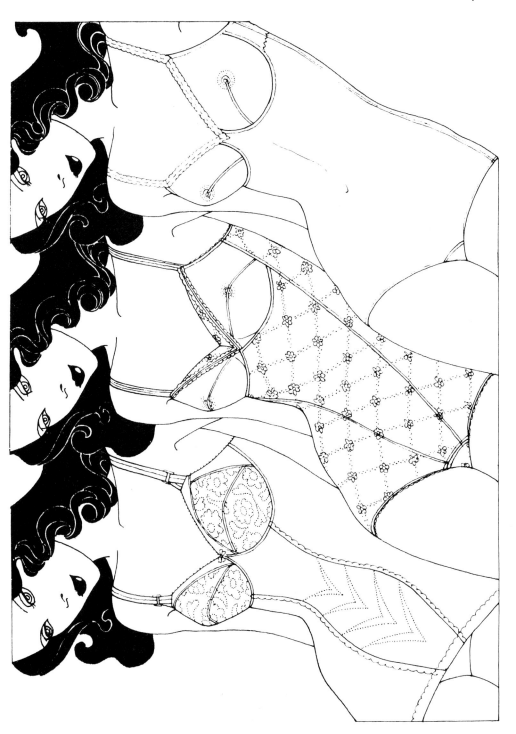

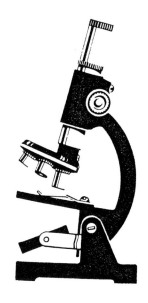

Kinder – Children

40

Moden und Trachten — Fashions and Traditional Costumes

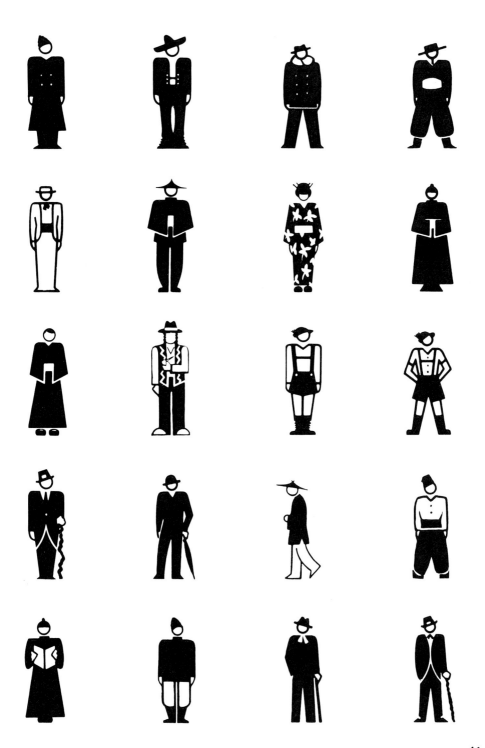

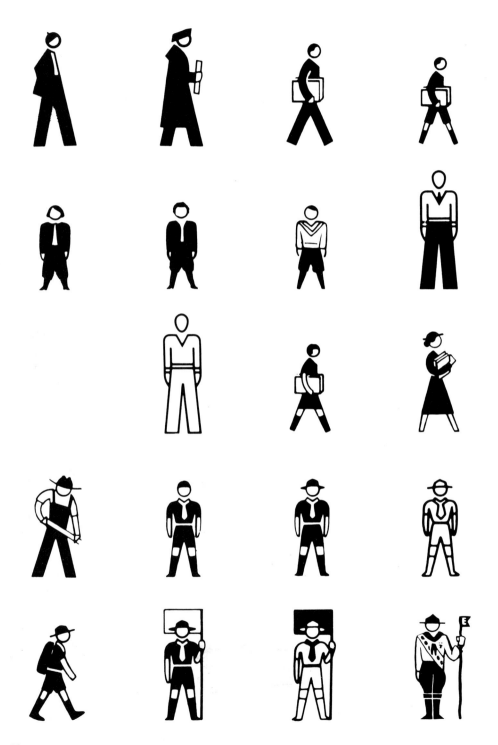

Verschiedene Berufe — Various Occupations

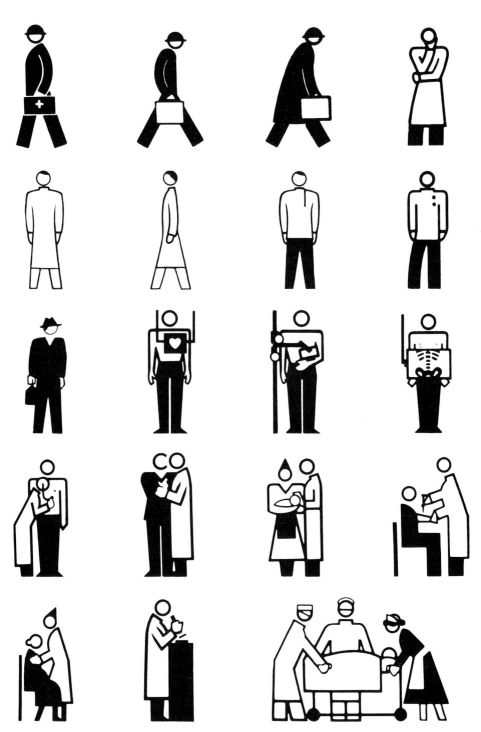

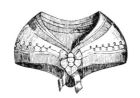

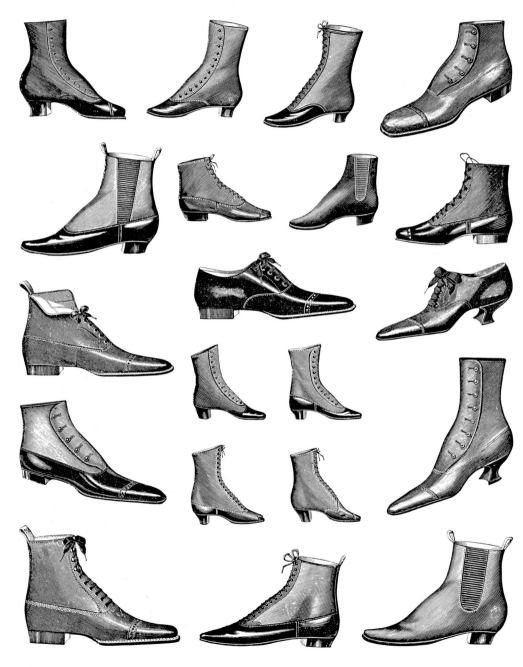

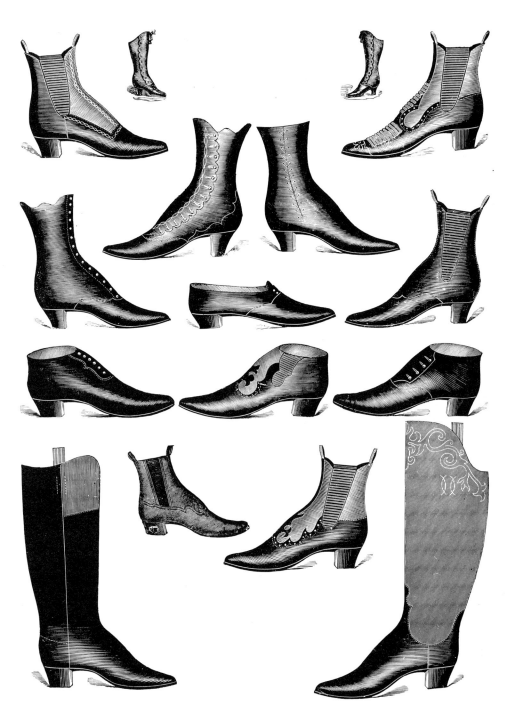

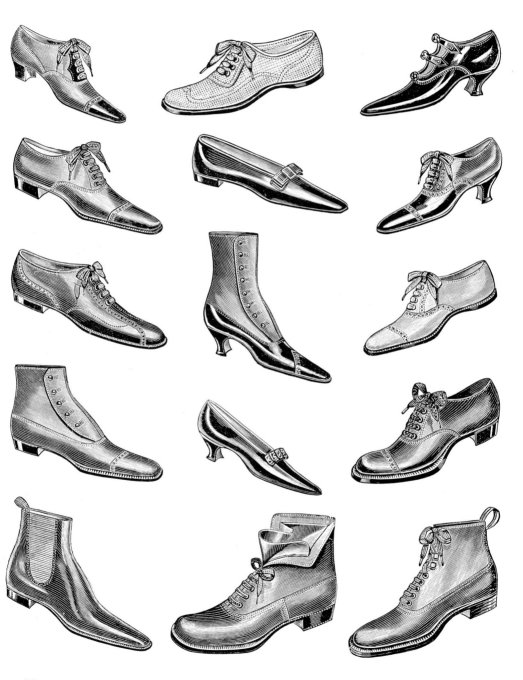

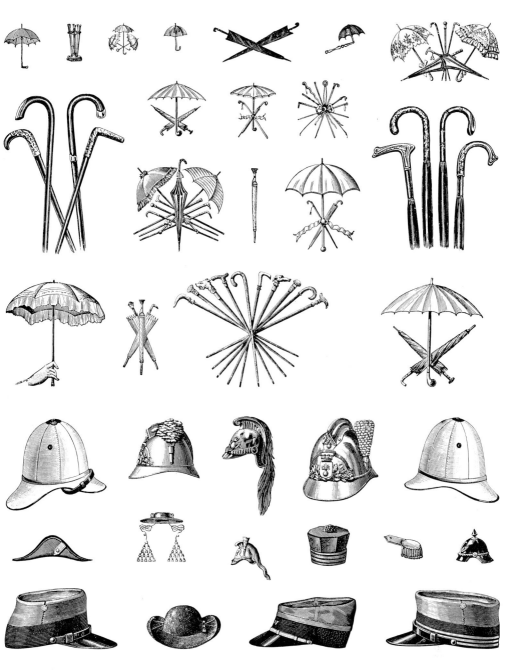

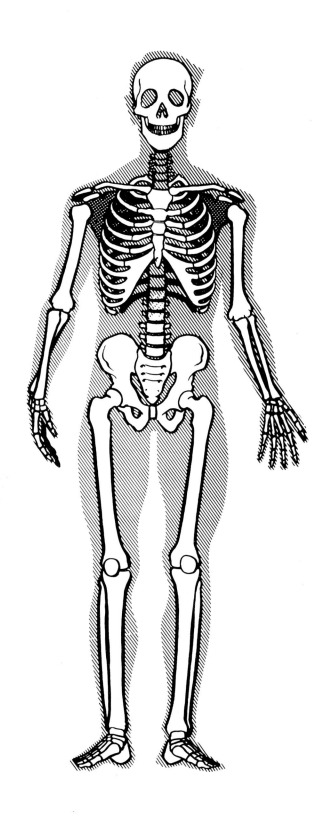

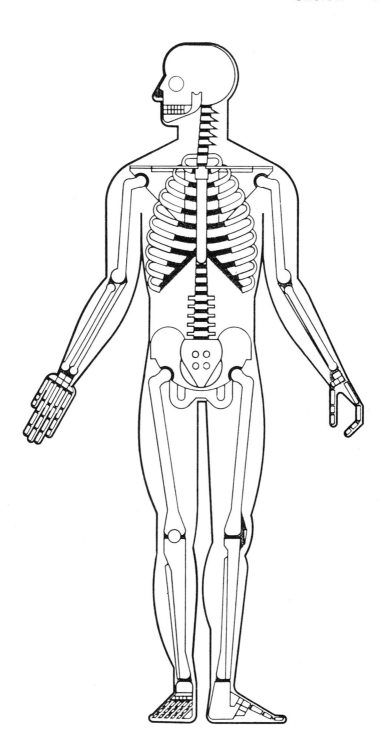

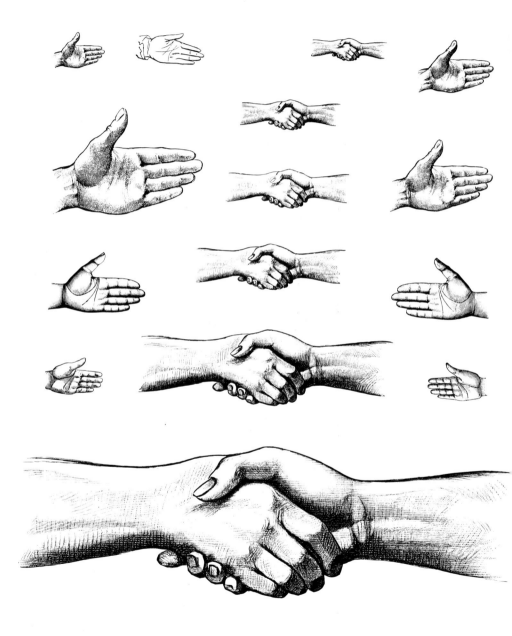

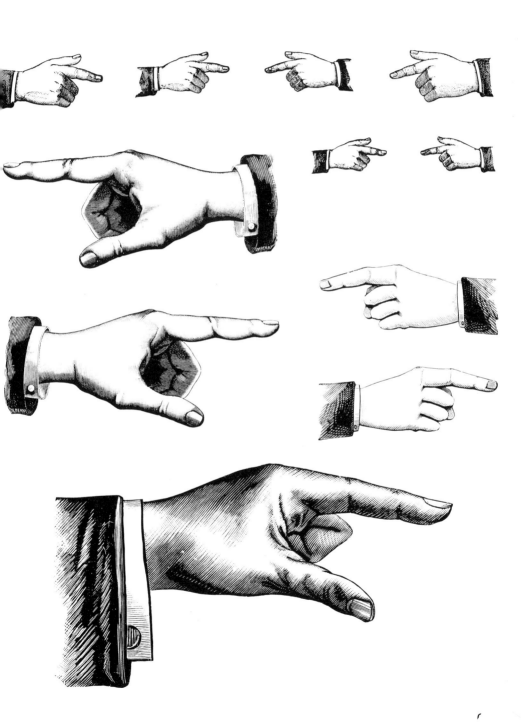

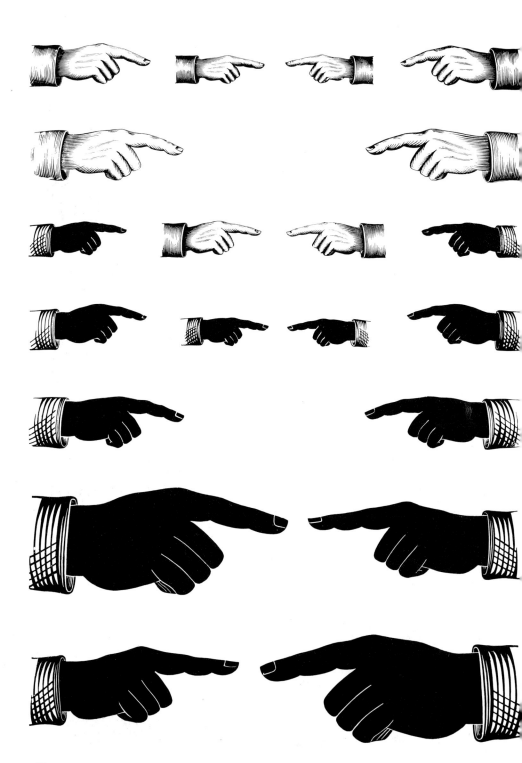

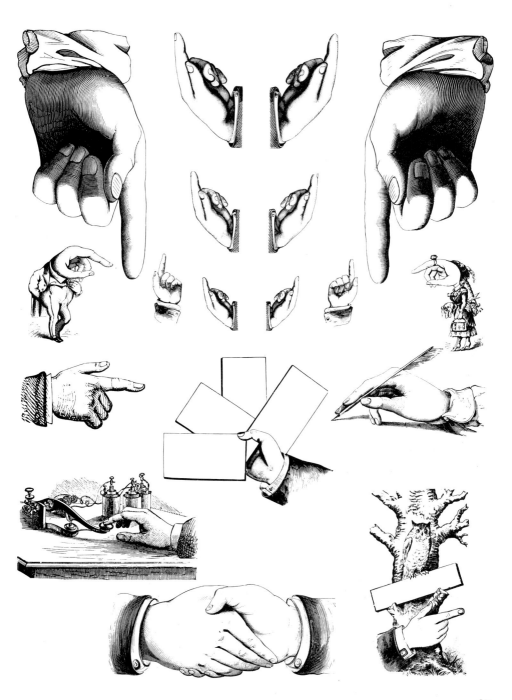

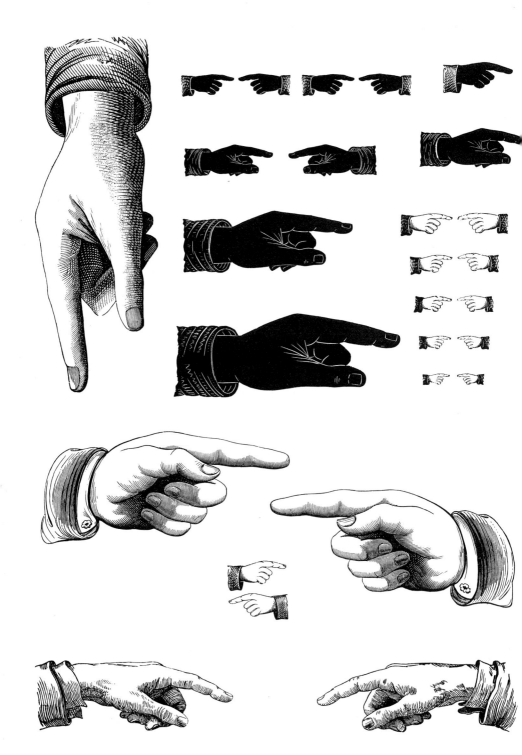

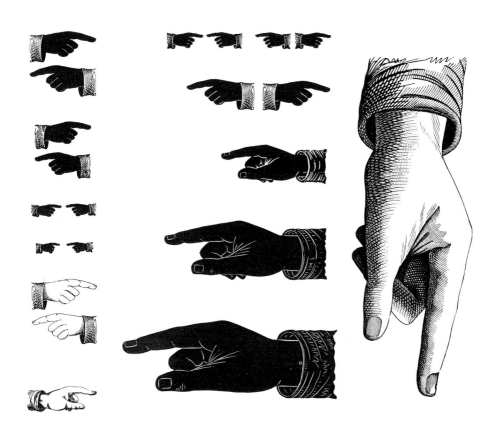

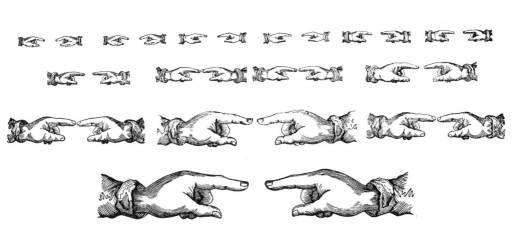

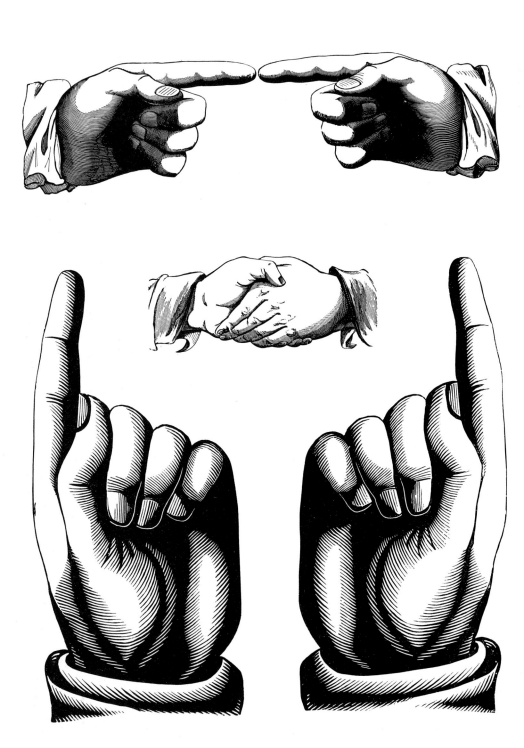

70

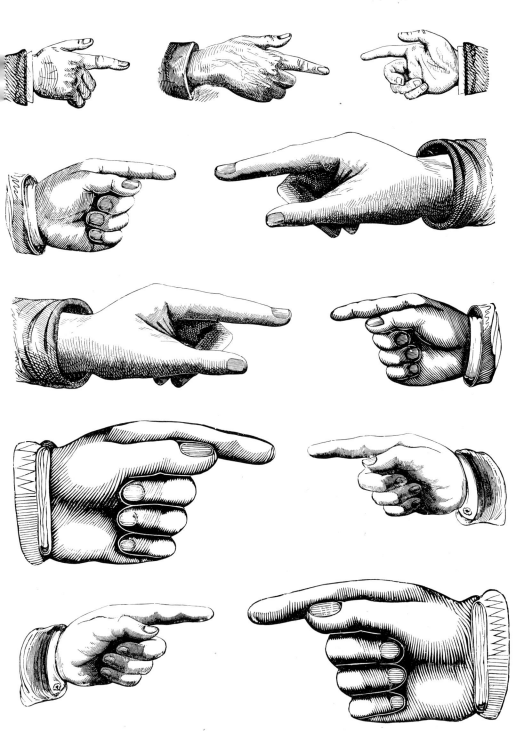

71

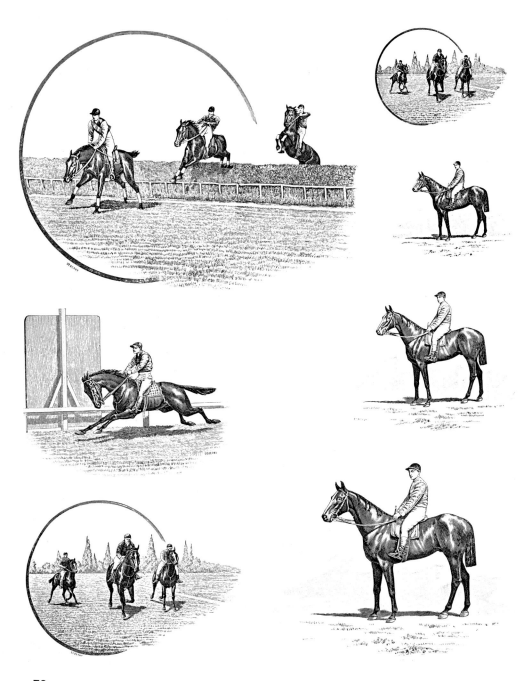

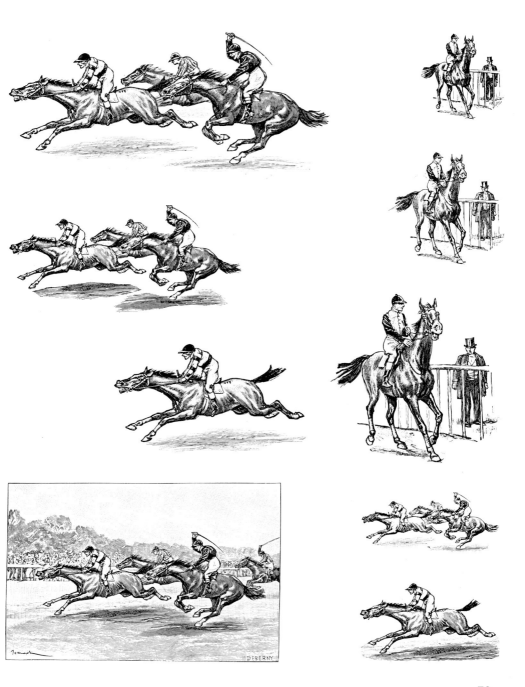

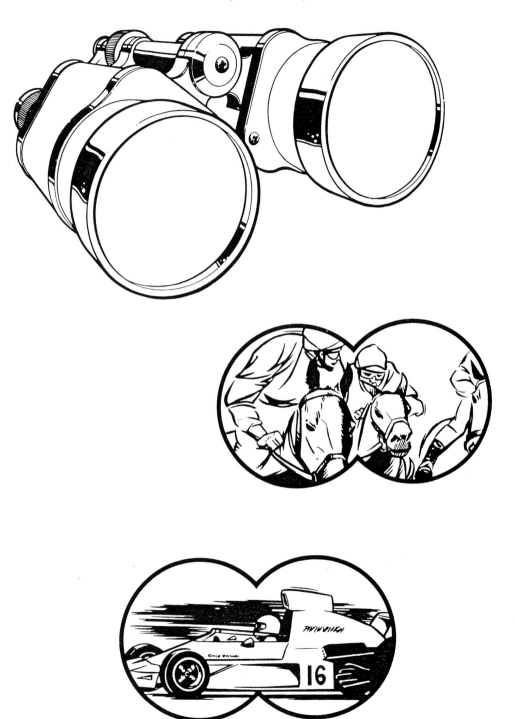

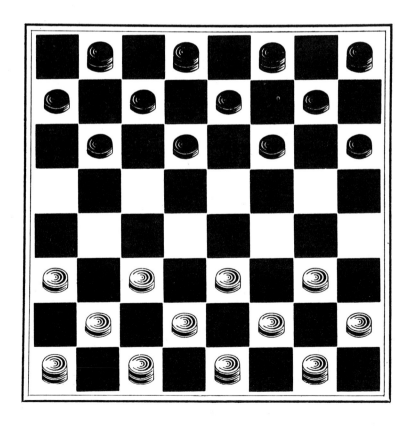

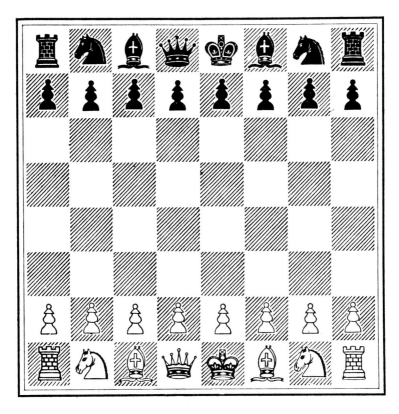

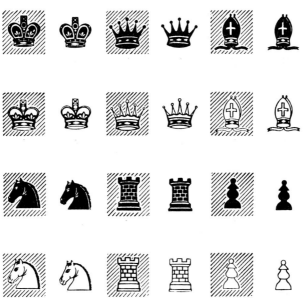

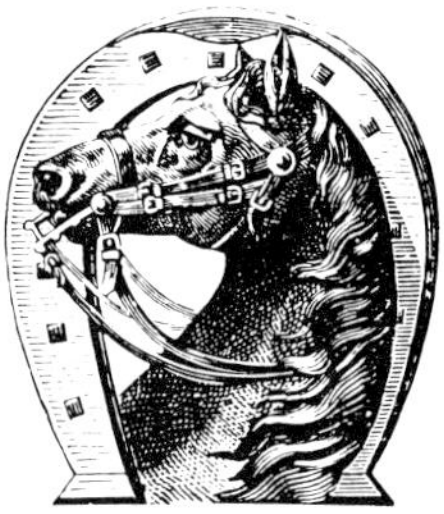
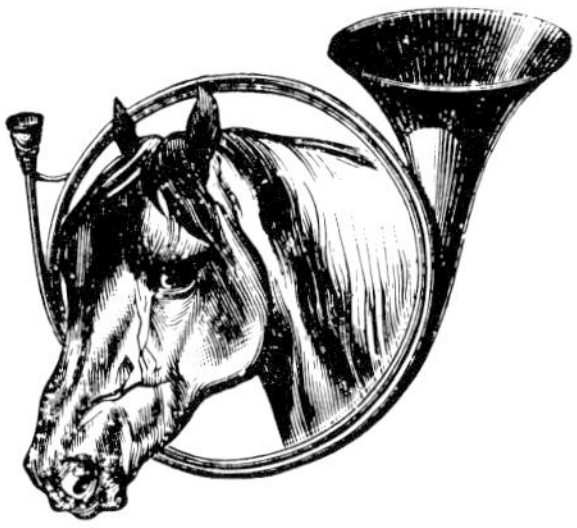
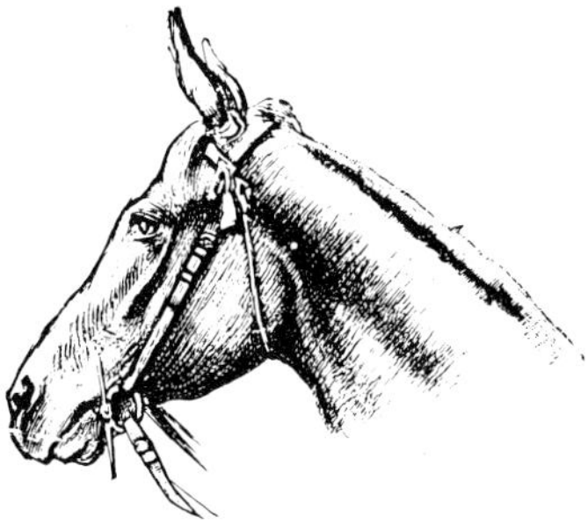
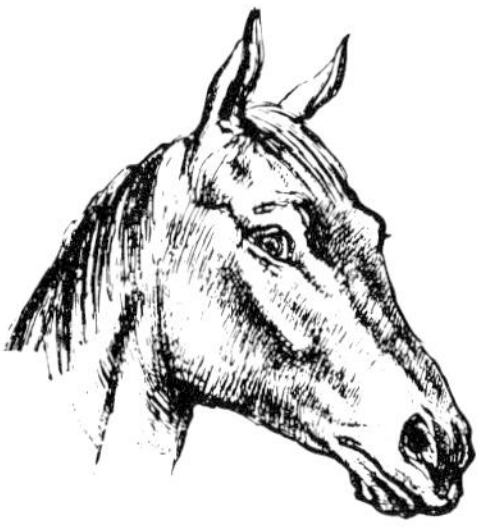
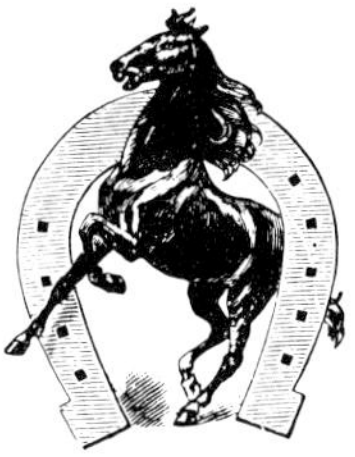
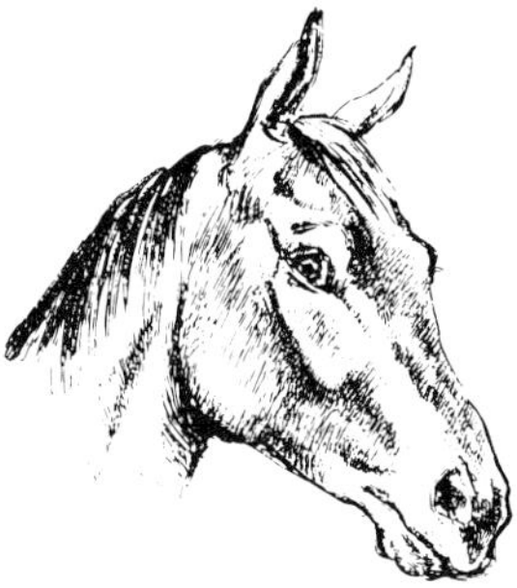
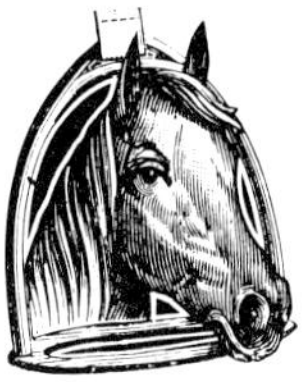
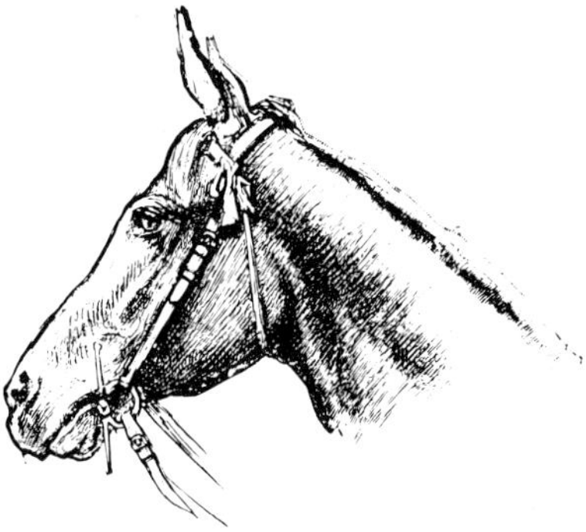
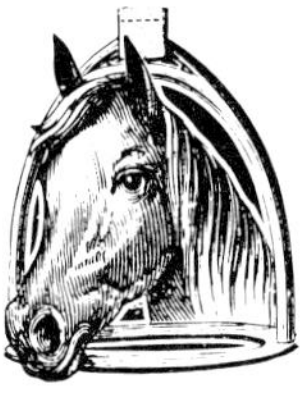
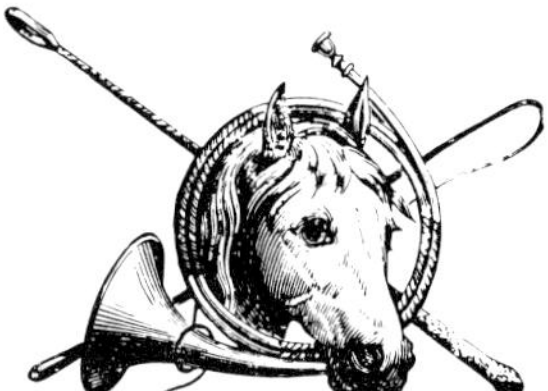
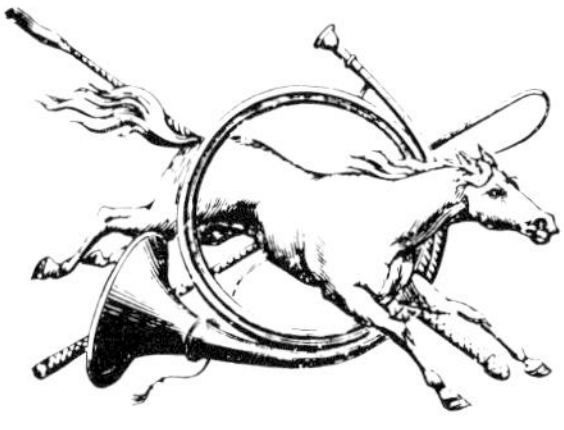
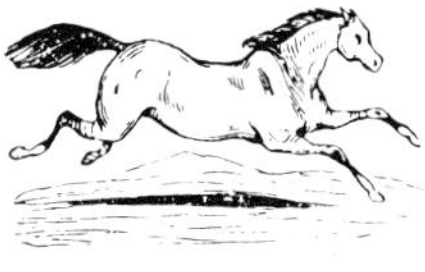
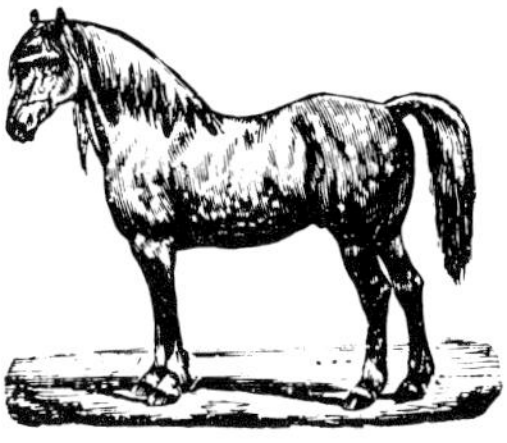
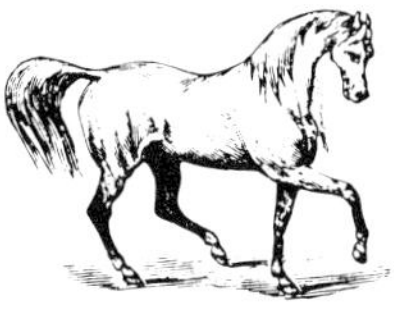
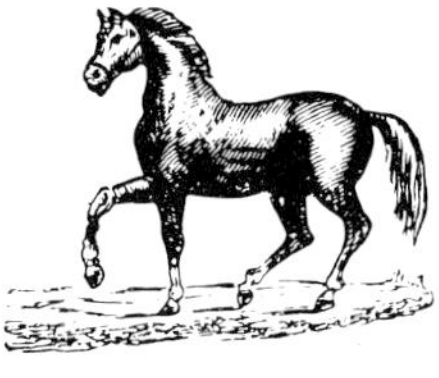

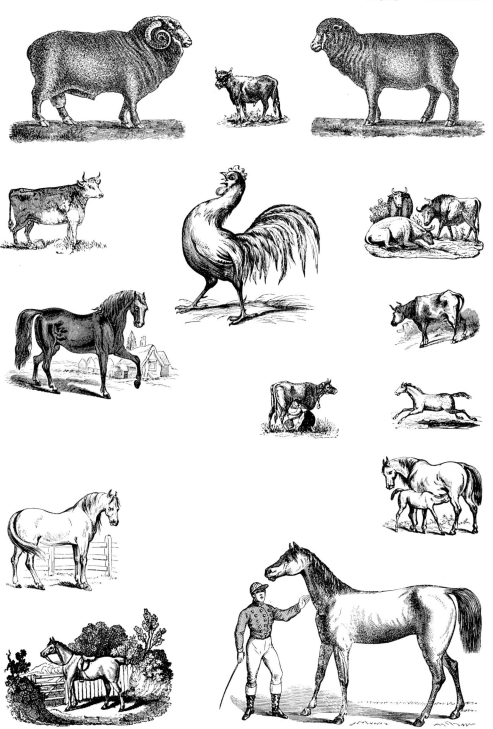

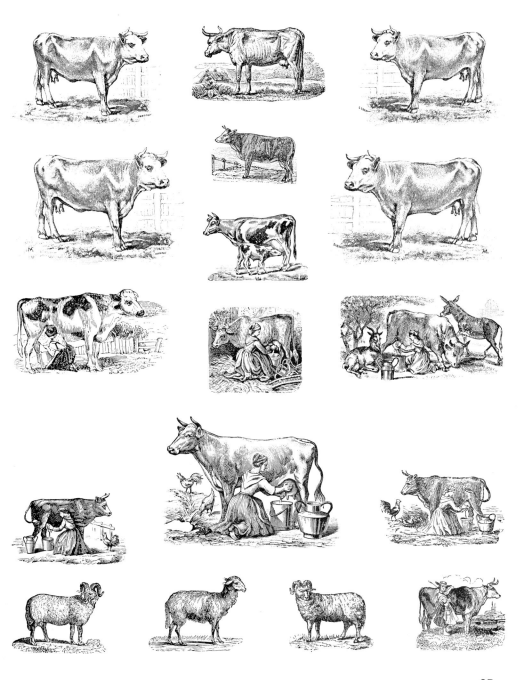

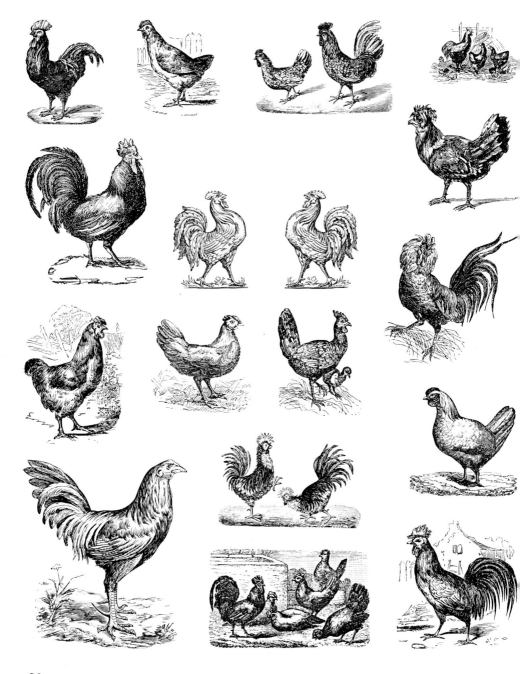

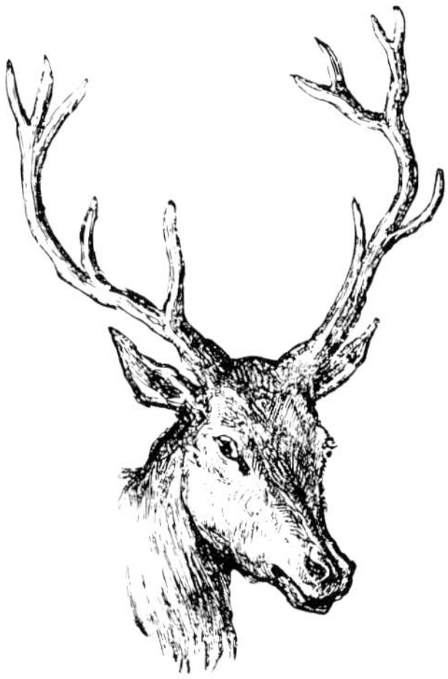

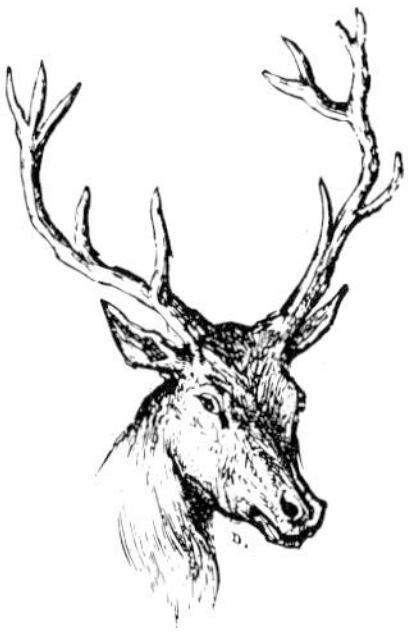

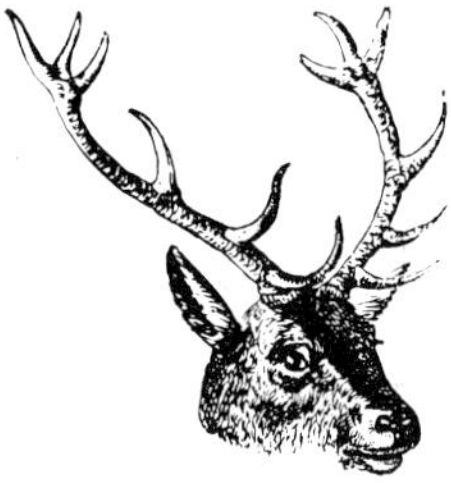

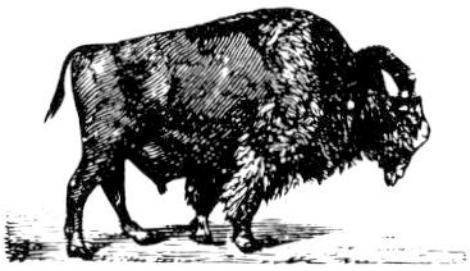

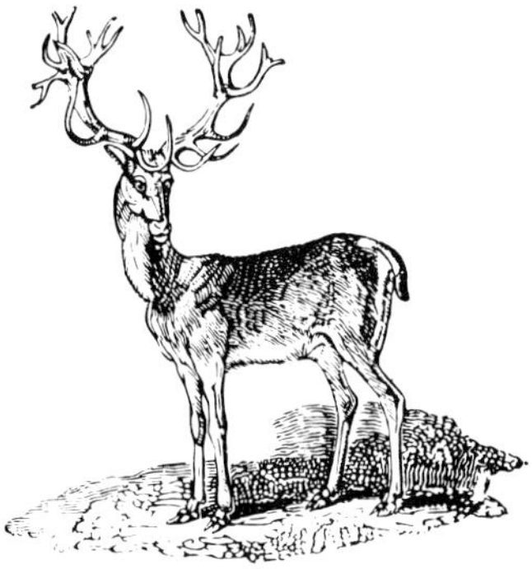

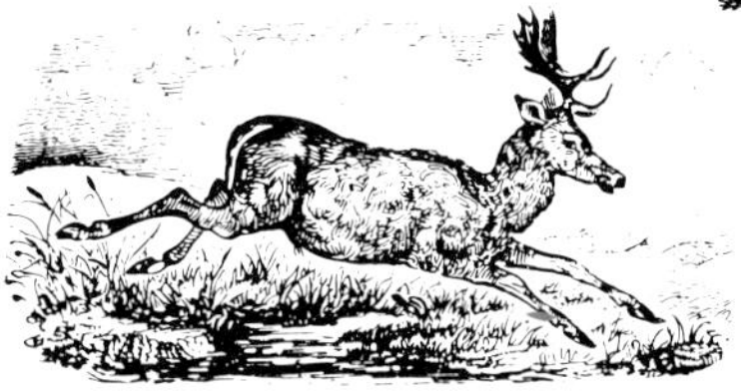

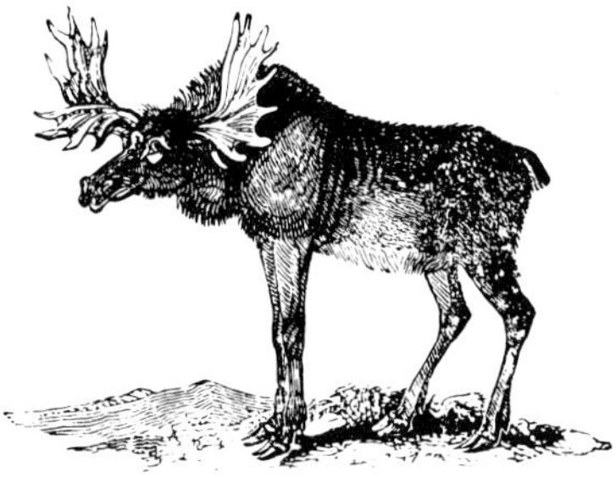

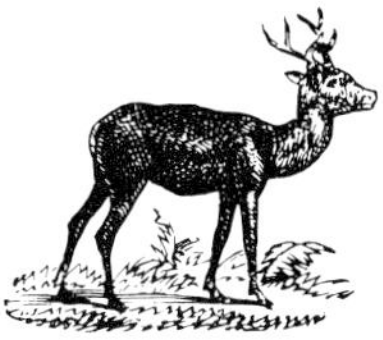

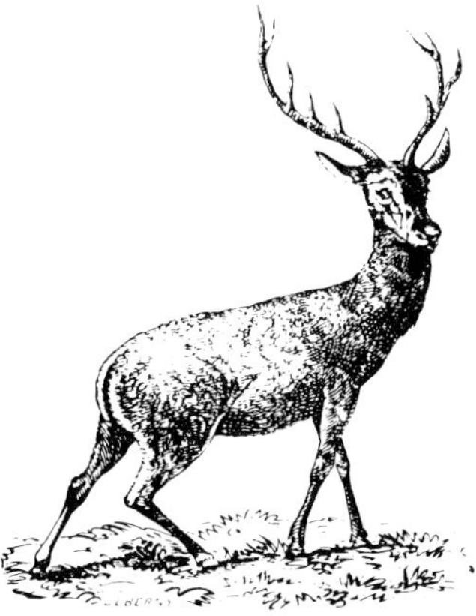

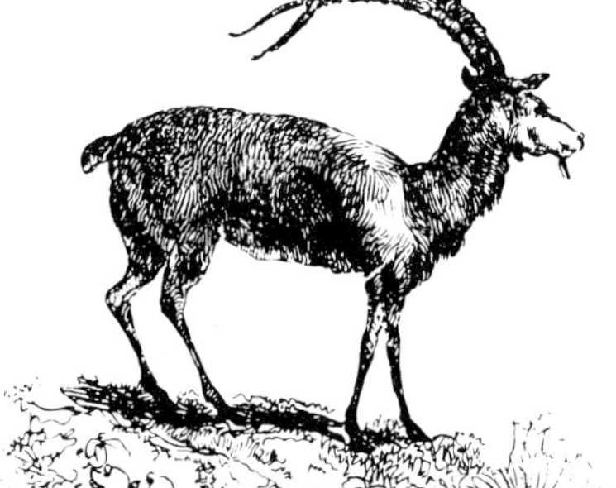

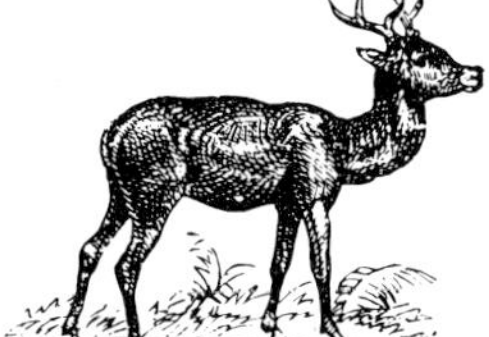

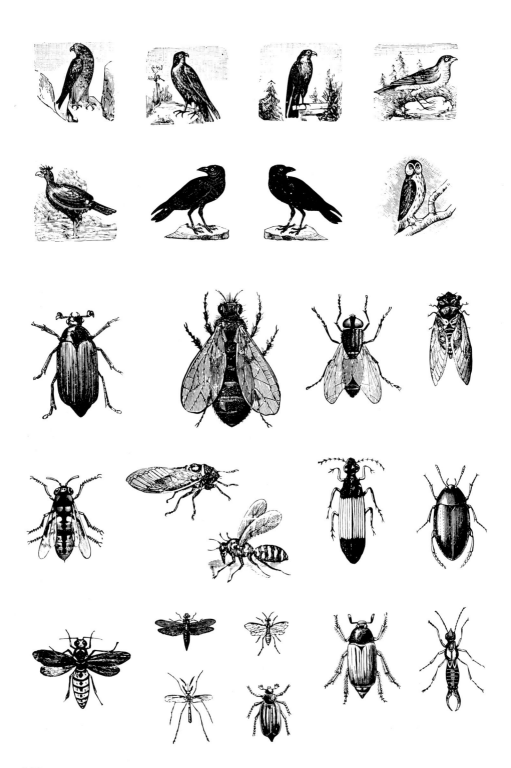

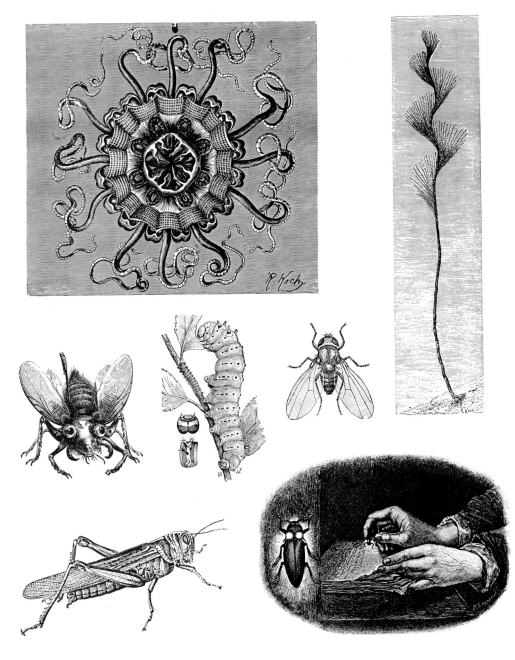

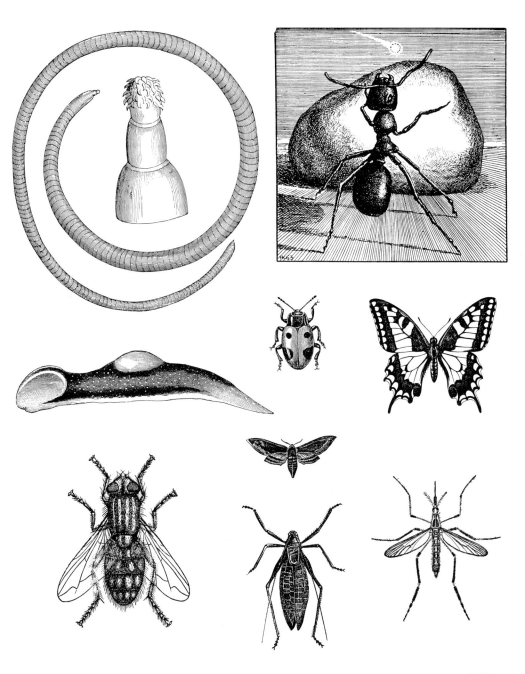

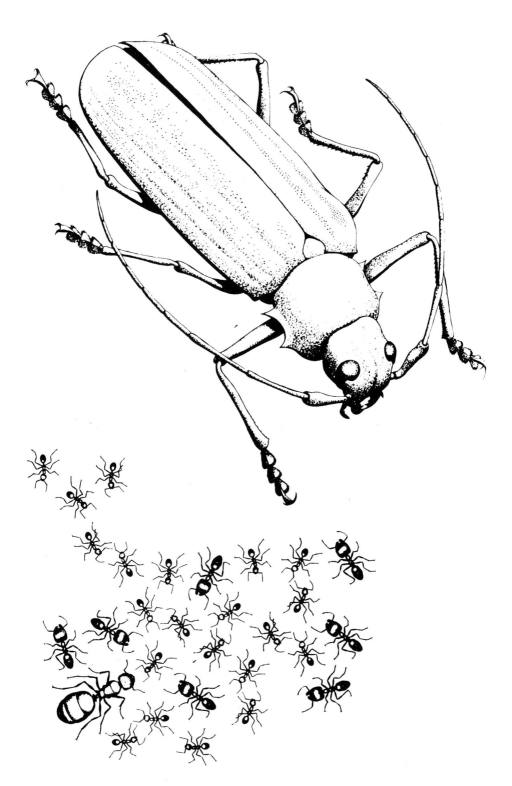

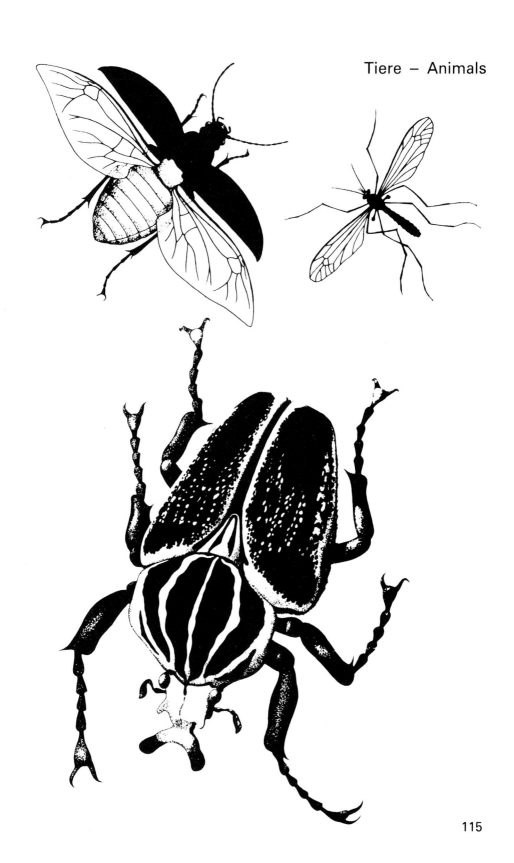

115

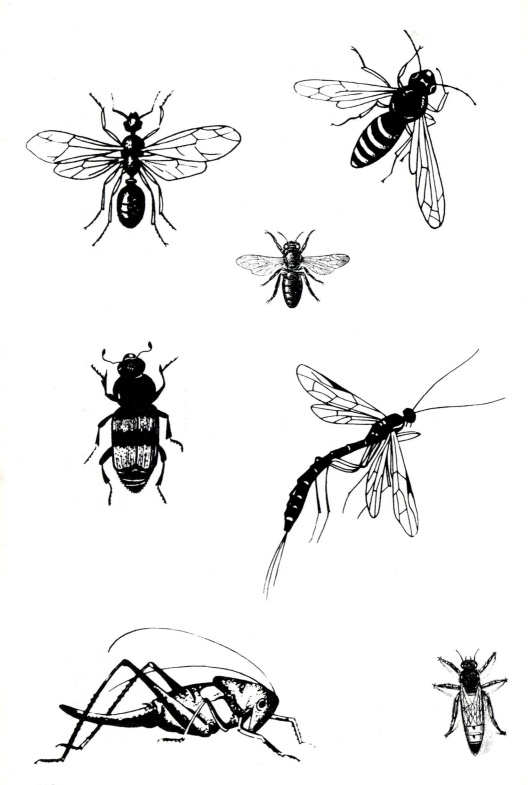

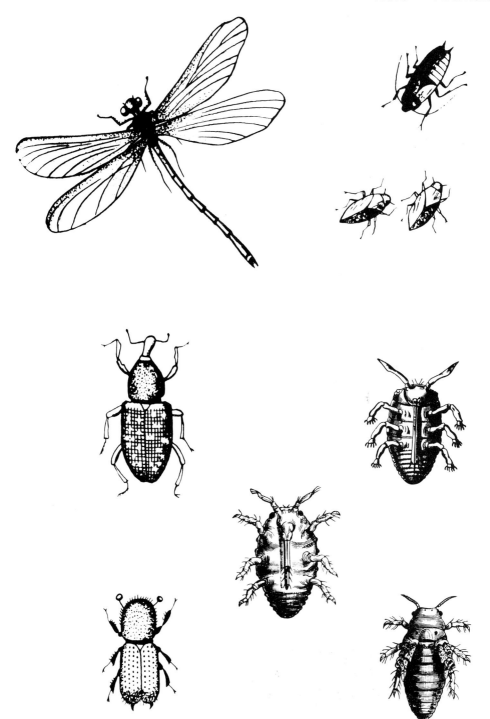

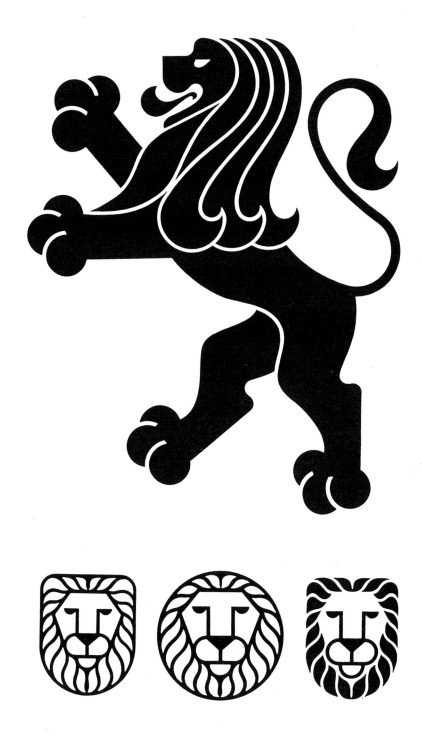

Tiere – Animals

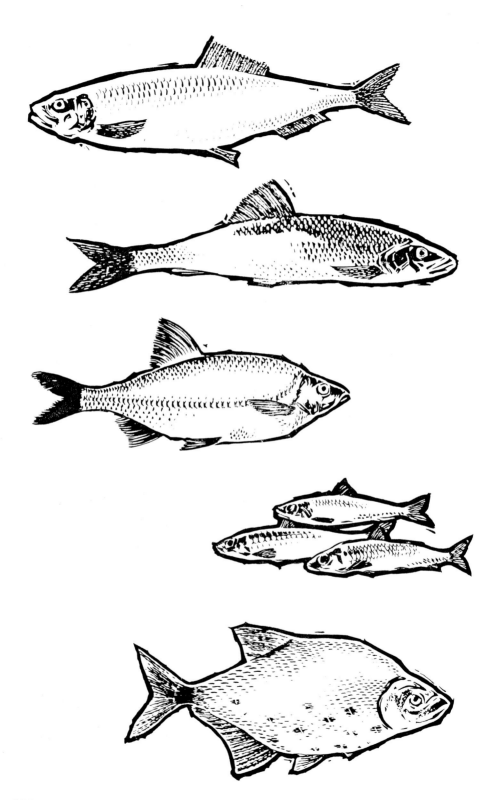

132

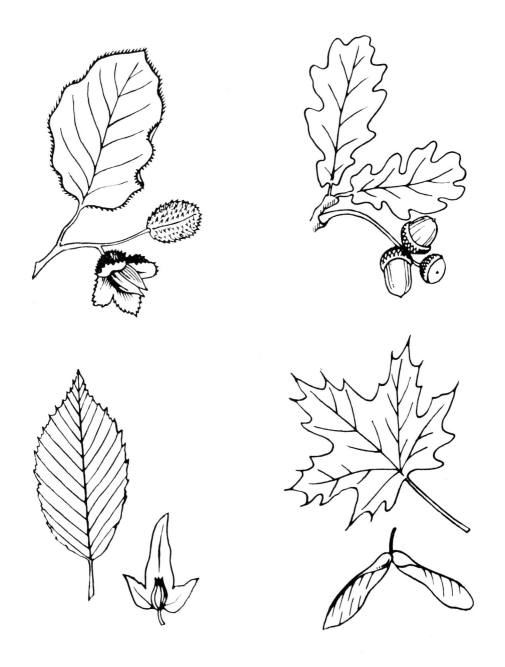

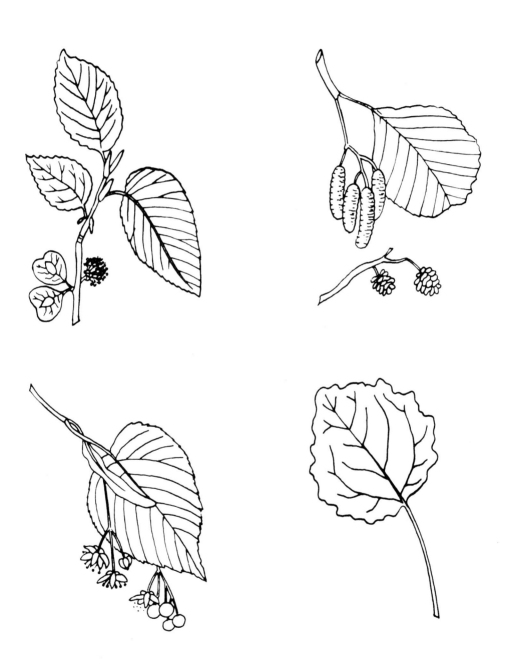

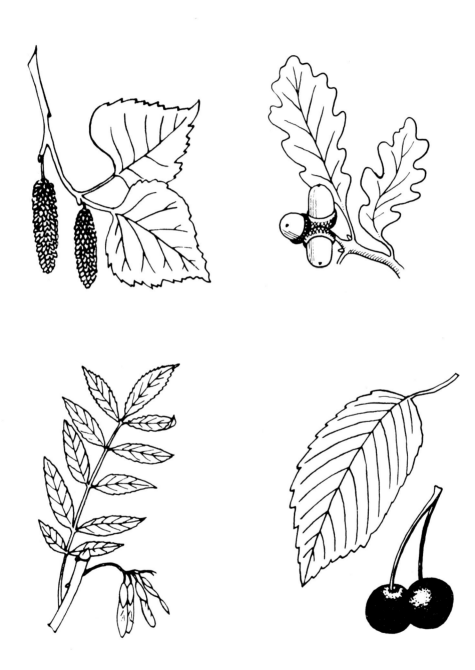

Blätter – Leaves

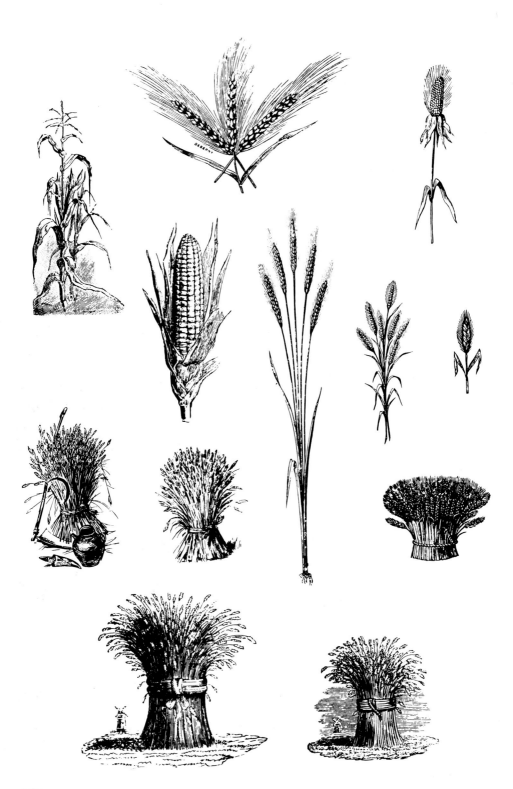

144

145

Landwirtschaftliche Produkte — Agricultural Produce

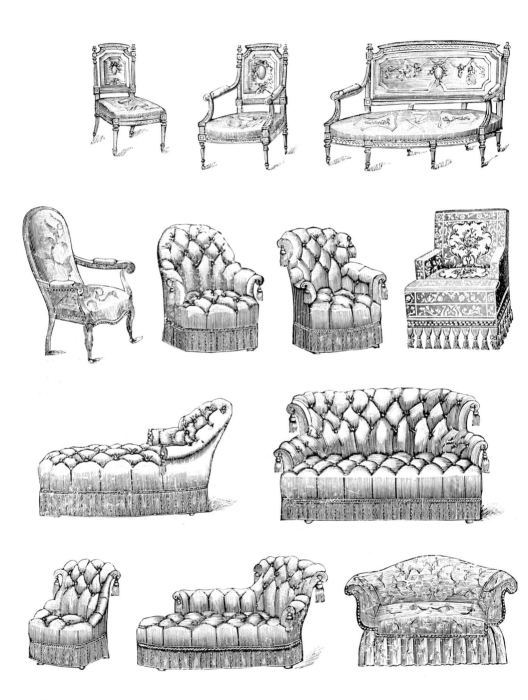

156

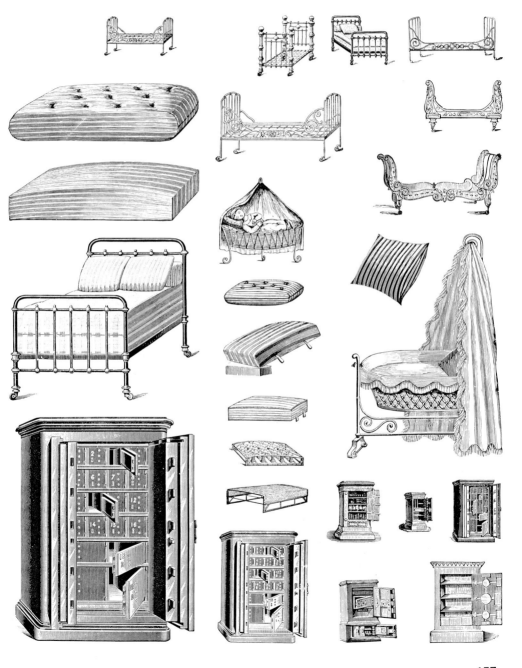

160

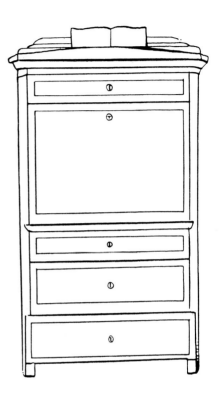

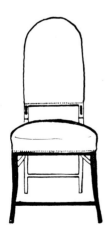

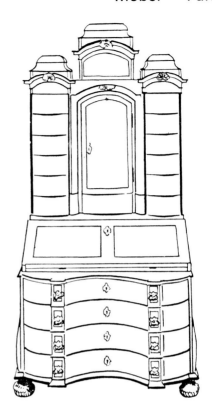

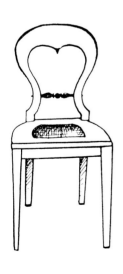

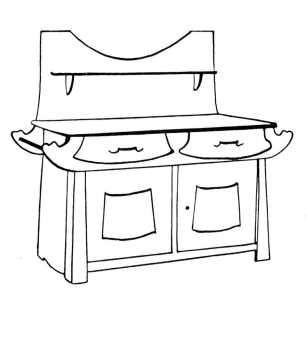

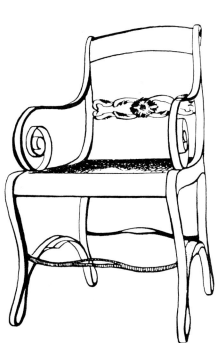

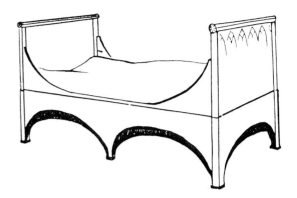

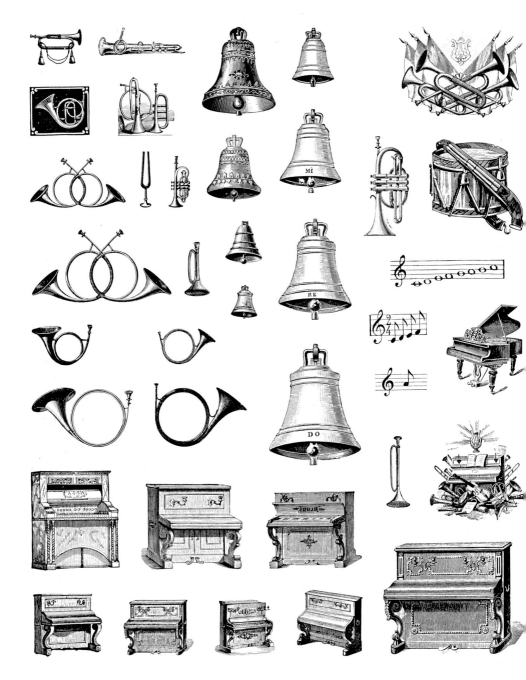

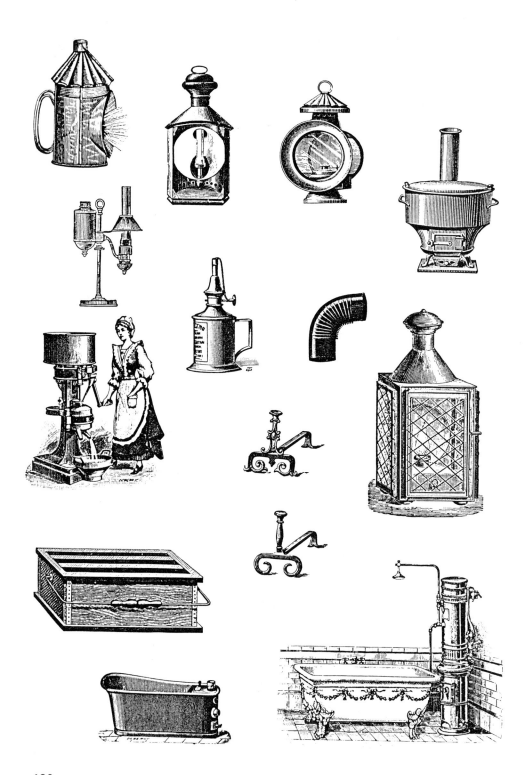

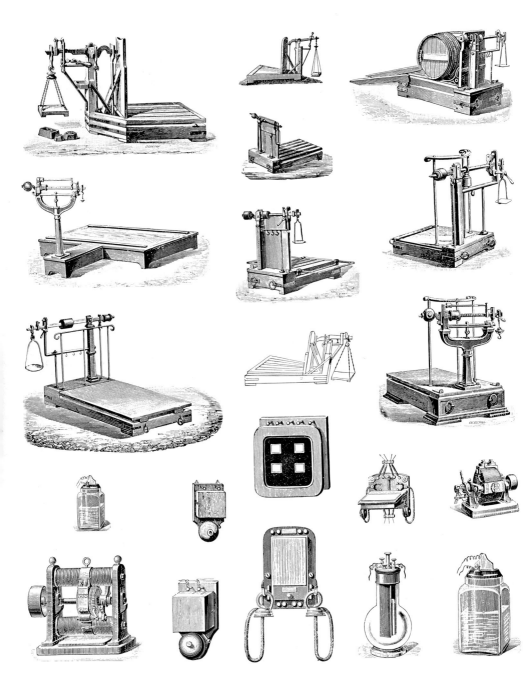

 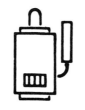 

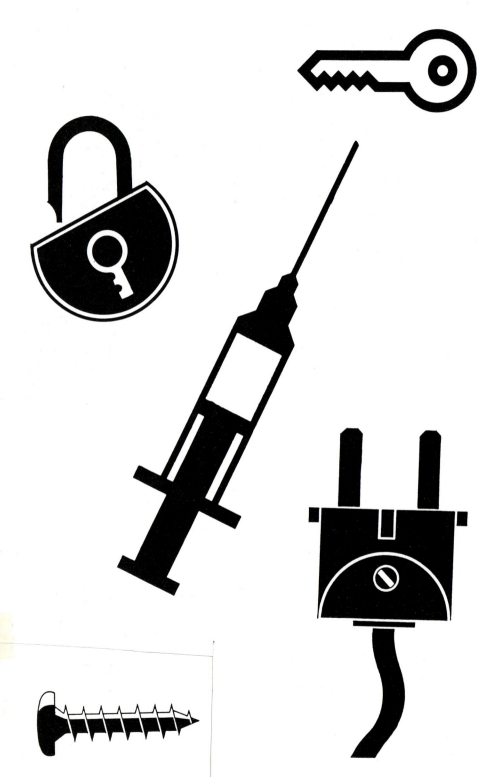

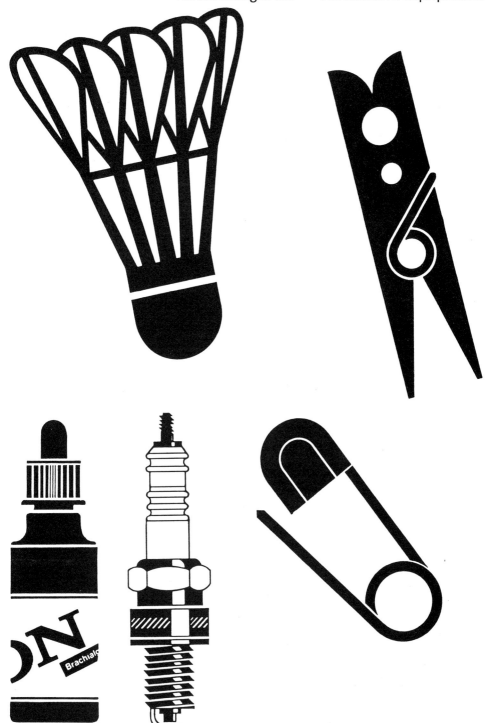

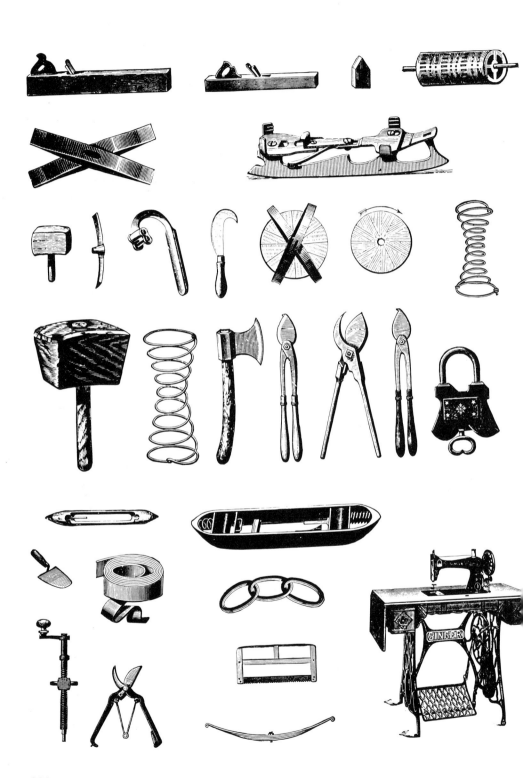

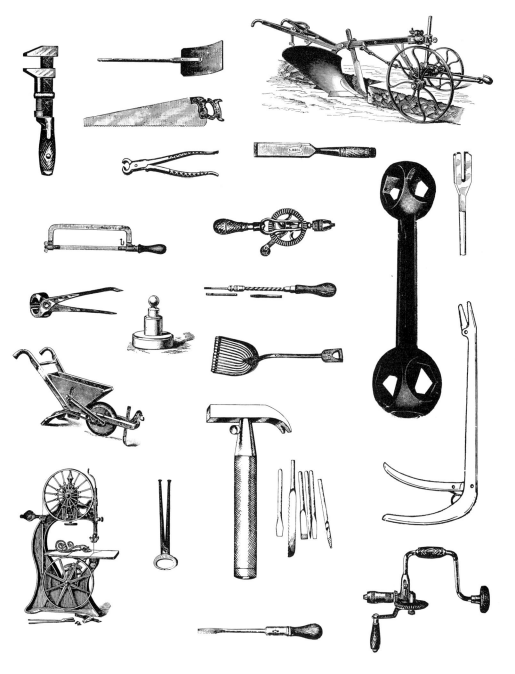

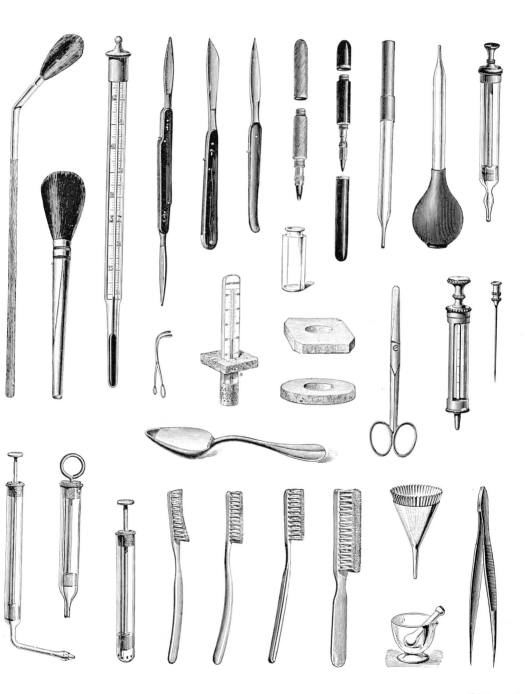

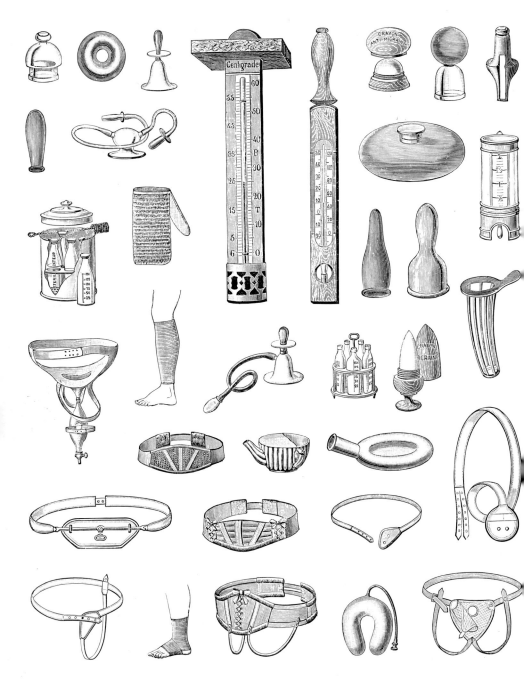

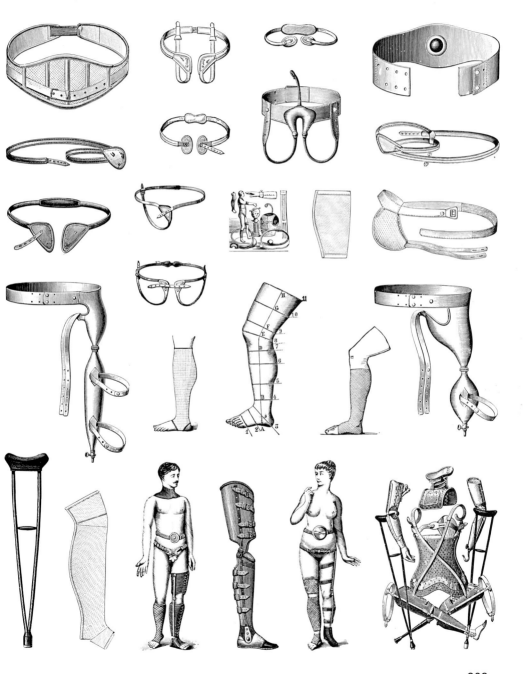

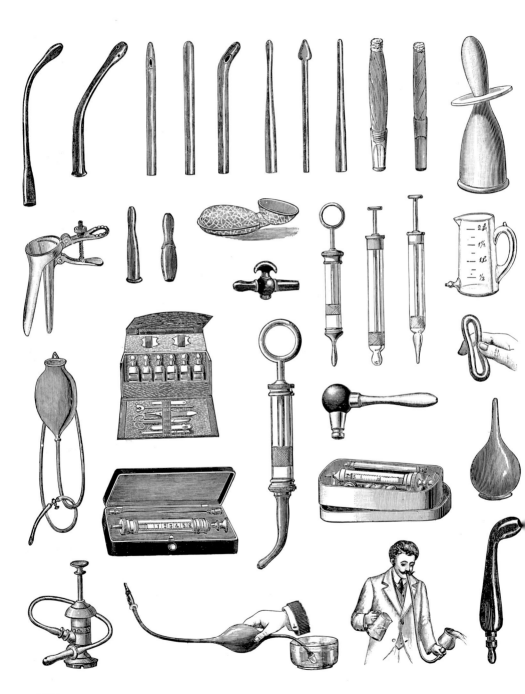

210

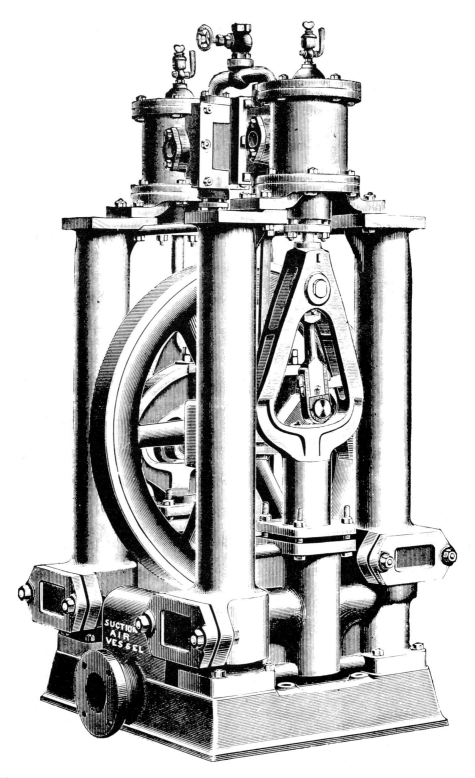

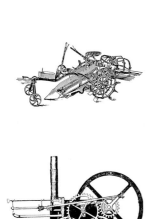

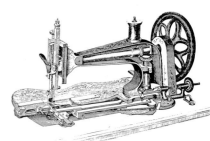

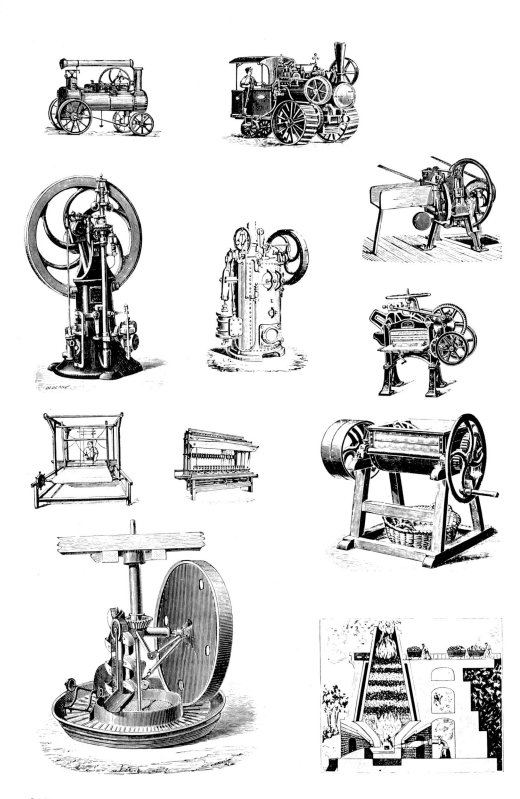

   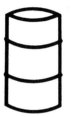

 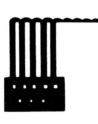  

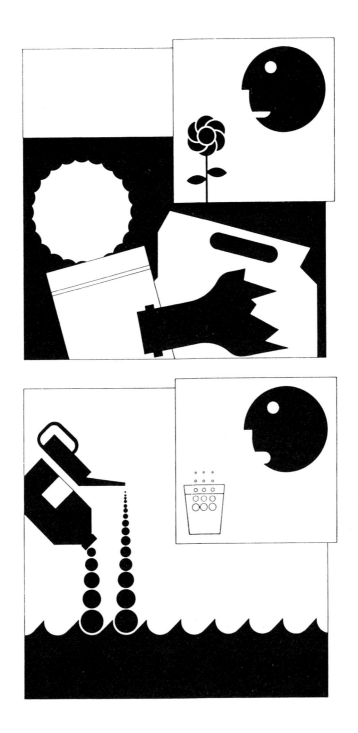

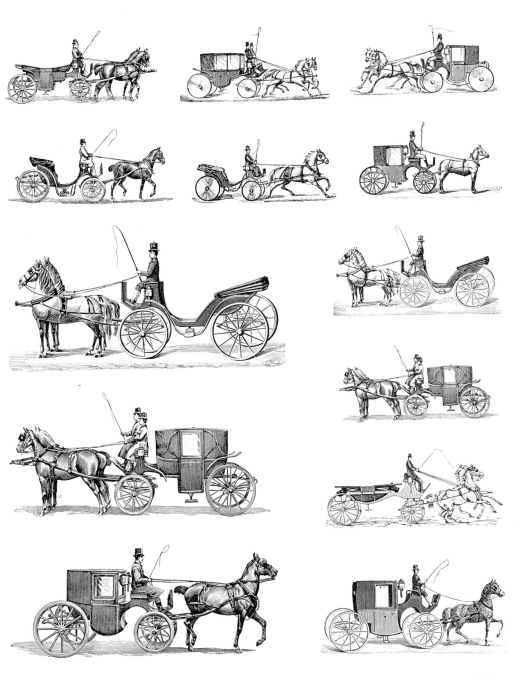

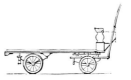

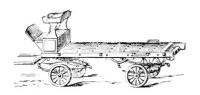

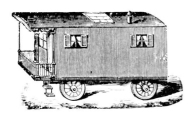

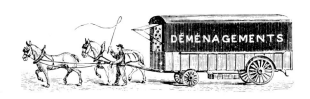

236

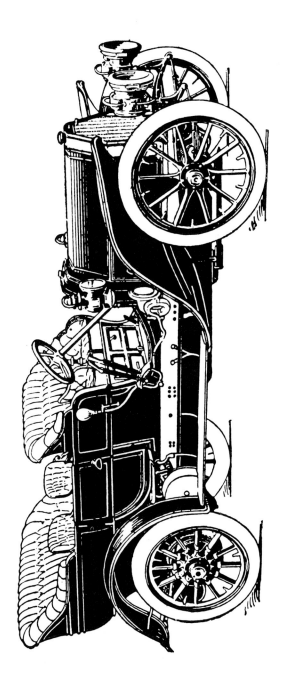

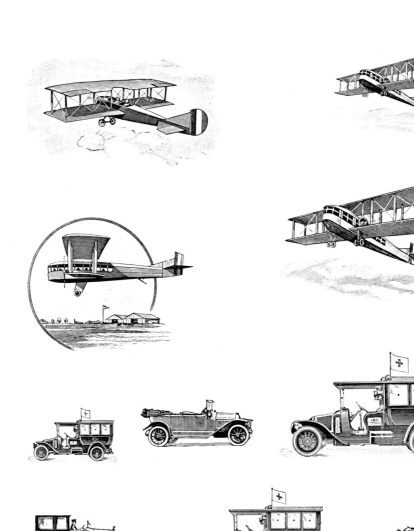

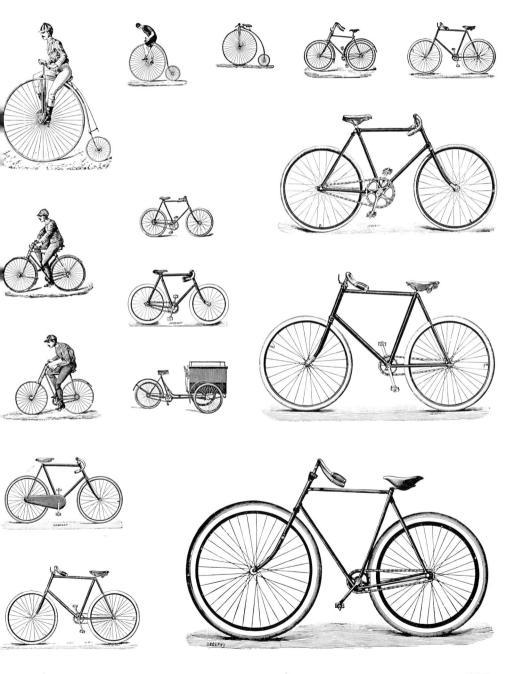

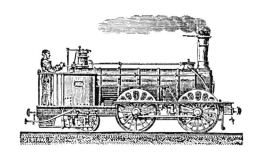

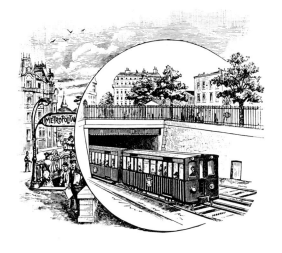

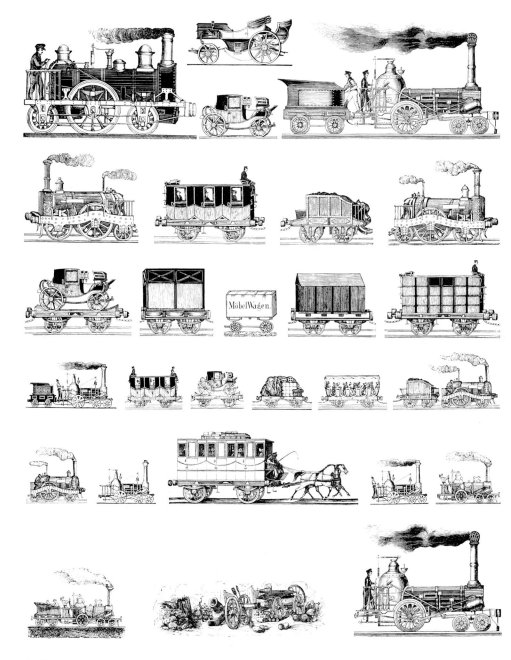

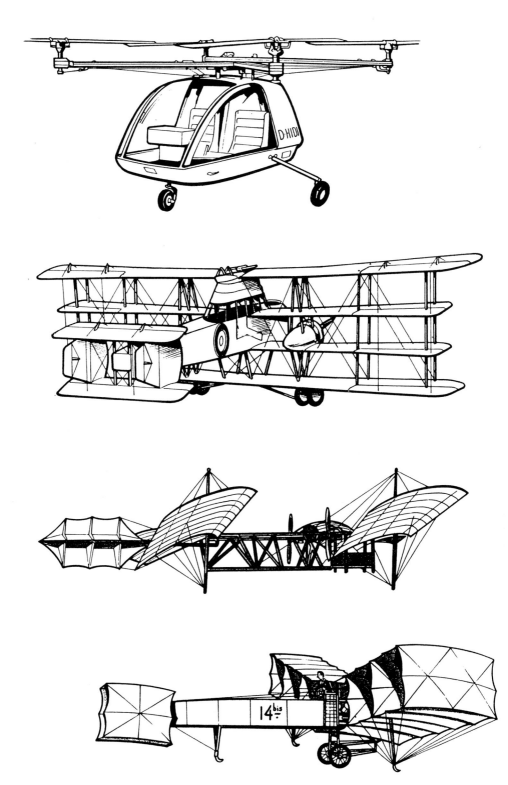

Flugzeuge – Aircraft

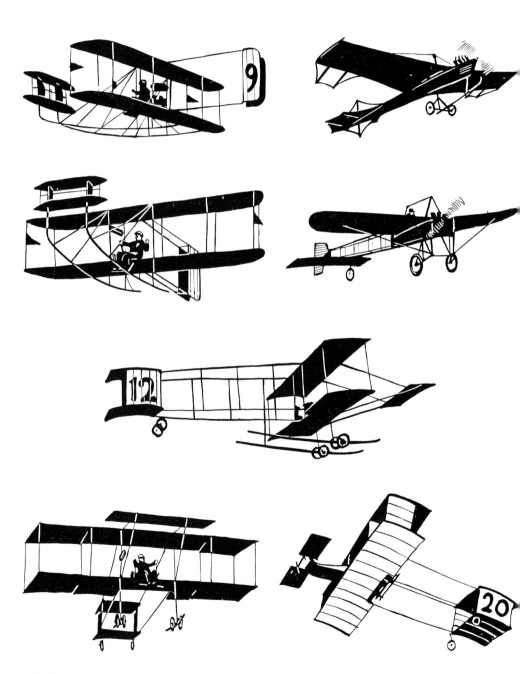

COMPAGNIE DE TRANSPORTS

BORDEAUX

266

Oryson

a

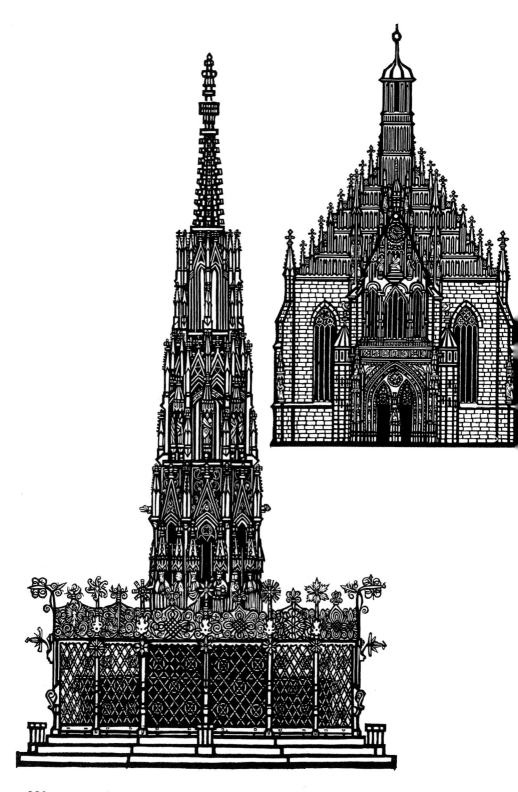

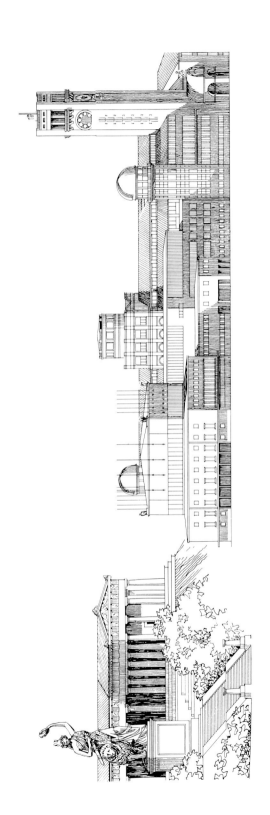
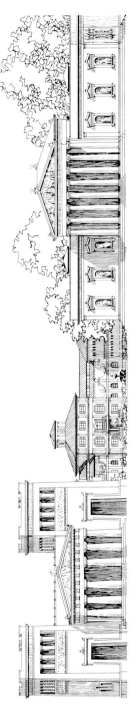

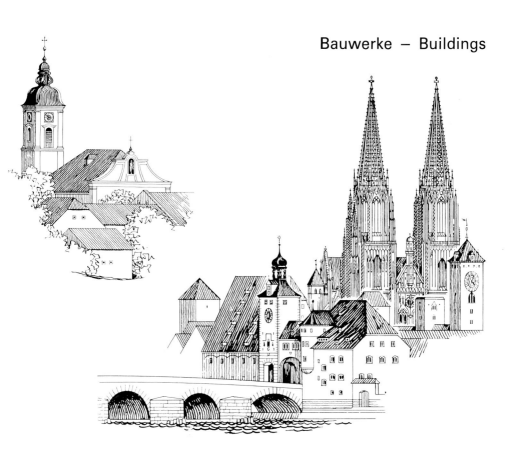

298

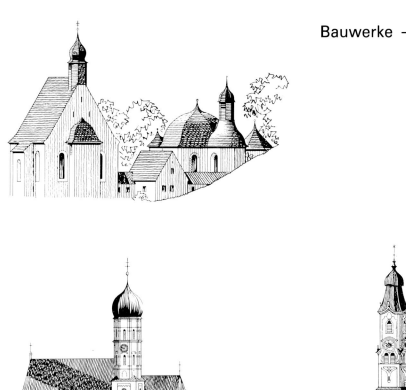

303

Der
Kleine Bosco
oder
Unterricht in der höheren Magie.

No. 2570.

1 Thlr. 4 Gr.

TROWITZSCH & SOHN.

Buchdruckerei
Verlags-Buchhandlung
Kalender-Comtoir

Schriftgiesserei
Gravir-Anstalt
Mechanische Werkstatt.

Natürliches
Mineralwasser
und
schweizerische
Molken.
TRINK-ANSTALT
im
Kroll'schen
Etablissement.
J. F. HEYL & CO.

Hôtel de Rome.
Gute Bedienung
saubere Betten
Bäder im Hause.
Table d'hôte 3 Uhr.

Das
Speditions-
und
Incasso-Geschäft
von
Jordan & Berger
befördert Güter aller Art
zu billigen Preisen.

306

SOCIÉTÉ
DES
ARTISTES FRANÇAIS

SALON
de 1912

GRAND PALAIS
Avenue Alexandre III

120ᵉ Exposition
DES
ŒUVRES DES ARTISTES VIVANTS

Prix d'Entrée : En Semaine......... 1 fr.
Le Dimanche :
De 8 heures à midi... 1 fr.
De midi à 6 heures... 50 c.

Brief- & Rechnungskopf

für Buch- & Papier-Handlungen, Buchdruckereien etc.

Jede Art

Tischler - Werkzeuge

empfiehlt

SCHLEUDERER.

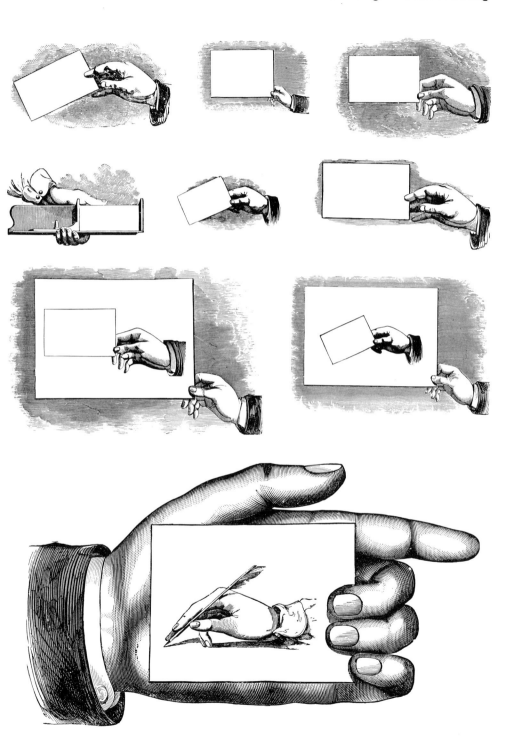

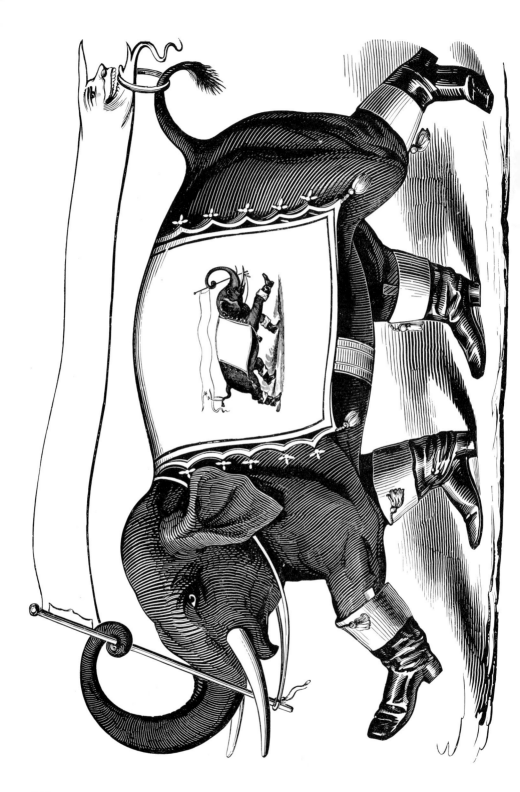

Hier werden **Anzeigen** zur **Preussischen Zeitung** angenommen.

Grosses Lager neuester **Jagd-Utensilien** von F. NOACK.

Gusswaaren *in Bronce* empfiehlt HARSCH.

Ganz neu! **Paletot Macdonald** empfiehlt als sehr elegant **L. Landsberger.**

Photographisches **ATELIER** von **A. Winckelmann** Mohrenstrasse 28.

Anzeiger. Verlag von Trowitzsch & Sohn in Berlin. Neues **Universal-Wörterbuch** der deutschen, englischen, französischen und italienischen Sprache. 76 Bog. 2 Thlr. **Volks-Kalender**

Reisebücher. **Eisenbahn-Karten.** Bilder-Album.

Ansichten von **Thüringen.** 12 Blätter.

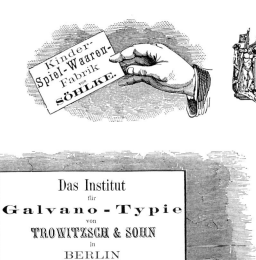

Die Fabrik
neuer
Gummiwaaren
von
FONROBERT
empfiehlt
Gummibälle
für Kinder.

Café und Thee
Material - Waaren
aller Art empfiehlt
F. SCHWARTZ.

Die
Putz - Handlung
von
STEGEMANN
empfiehlt ihr Lager von
Hüten und Hauben etc.

Schreier's
Affen-Theater
Morgen
den 29. December
grosse Vorstellung.

Anfang 7 Uhr.

Lager
aller
Kurz-Waaren
Cigarren
Stearinlichte
von
J. ALLERLEI.

Billige
Pelz-Waaren
empfiehlt
BONNET.

Für Gebirgsreisende!
Feste Damenschuhe
sind zu haben bei
H. Schuster.

**Reise-
Utensilien**
von
Ackermann.

Das
Erste Uhrenlager
von
F. GUERLIN
hält Lager von Ancre- und Cylinder-Uhren.

Lager
moderner
Kunst-Artikel
von
A. FIOCATI.

GRAND · CAFÉ · DE · LA · TERRASSE

BOULEVARD BONNE-NOUVELLE

Menu du Samedi 22 Juillet 1911

Déjeuner à 4 fr.

**1 Hors-d'œuvre, 3 Plats au choix
2 Desserts,
1/2 Bourgogne ou Bordeaux**

Andouillette de Vire
Sardines — Choux rouges — Anchois

Friture de Goujons et Éperlans
Soles au gratin

Œufs Belle-Hélène — Filet Madère
CASSOULET

Biftecks — Poulet cresson
Poulet froid — Jambon — Galantine

Pommes nouvelles
Oseille — Soissons — Salsifis frits
Laitue, Mâches

Diner à 5 fr.

**1 Potage, 1 Hors-d'œuvre, 3 Plats,
2 Desserts,
1/2 Bourgogne ou Bordeaux**

Consommé — Tapioca
Radis — Saucisson — Thon mariné

Rouget — Bar sauce Crevettes
Merlan frit

Veau Marengo — Canard aux navets
BOUILLABAISSE

Rosbif — Dindonneau rôti
Côtelettes — Pâté de foies — Veau froid

Pommes sautées
Haricots panachés — Tomates
Romaine — Chicorée

Gruyère — Brie — Roquefort — Camembert
Fraises — Cerises — Prunes — Abricots — Pêches — Poires
Crème à la vanille — 1/2 Glaces
Ananas au kirsch — Biscuits — Confitures assorties

VOIR AU DOS
LA CARTE DES VINS

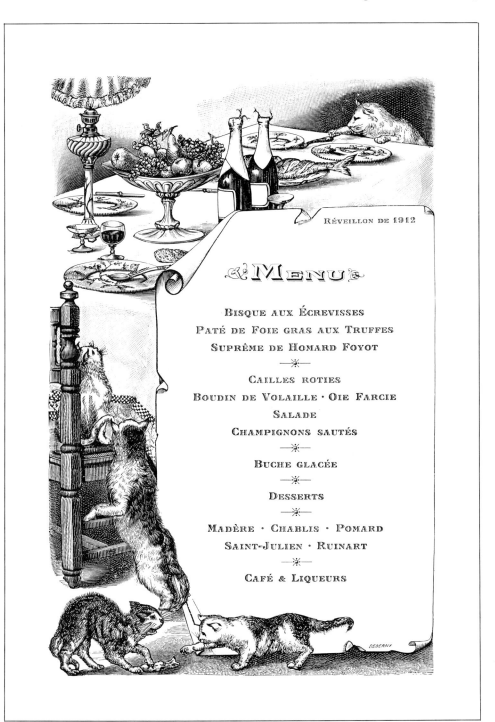

Restaurant
DU
DIVAN JAPONAIS

MENU

Crème Impératrice · Tapioca Crécy

Hors-d'œuvre variés

Truite Saumonée aux Coulis d'Ecrevisses

Filet de Bœuf Renaissance

Canetons aux Navets

Haricots verts sautés à l'Isigny
Petits Pois à la Française

Poulardes du Mans
Salades

Bombe · Bretons

Desserts

Beaujolais · Xérès · Pomard
Champagne
Café & Liqueurs

N. & S. - 12 Juillet 1912

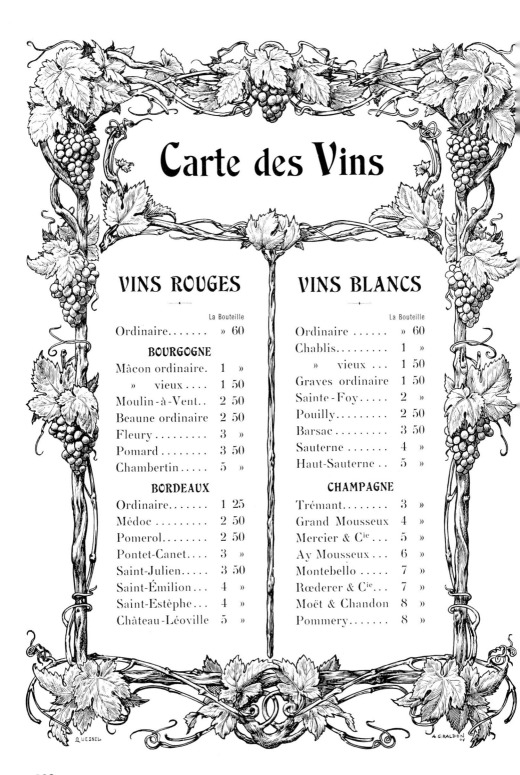

Carte des Vins

VINS ROUGES

	La Bouteille
Ordinaire......	» 60

BOURGOGNE

Mâcon ordinaire.	1 »
» vieux....	1 50
Moulin-à-Vent..	2 50
Beaune ordinaire	2 50
Fleury.........	3 »
Pomard........	3 50
Chambertin.....	5 »

BORDEAUX

Ordinaire......	1 25
Médoc.........	2 50
Pomerol.......	2 50
Pontet-Canet....	3 »
Saint-Julien.....	3 50
Saint-Émilion...	4 »
Saint-Estèphe...	4 »
Château-Léoville	5 »

VINS BLANCS

	La Bouteille
Ordinaire	» 60
Chablis........	1 »
» vieux ...	1 50
Graves ordinaire	1 50
Sainte-Foy.....	2 »
Pouilly........	2 50
Barsac.........	3 50
Sauterne	4 »
Haut-Sauterne ..	5 »

CHAMPAGNE

Trémant........	3 »
Grand Mousseux	4 »
Mercier & Cie...	5 »
Ay Mousseux ...	6 »
Montebello	7 »
Rœderer & Cie...	7 »
Moët & Chandon	8 »
Pommery.......	8 »

QUESNEL

A. GIRALDON

DINER DU 2 JANVIER 1912

• MENU •

Consommé Printanier Royal
Cassolettes Auroux

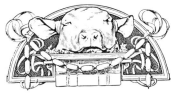

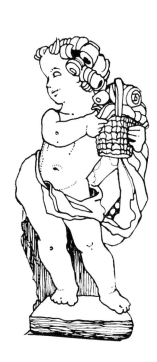

CAFES CHOCOLATS THES

ÉPICERIE
DE LA
REINE • BLANCHE
Place du Marché, 3
MEAUX
(Seine-&-Marne)

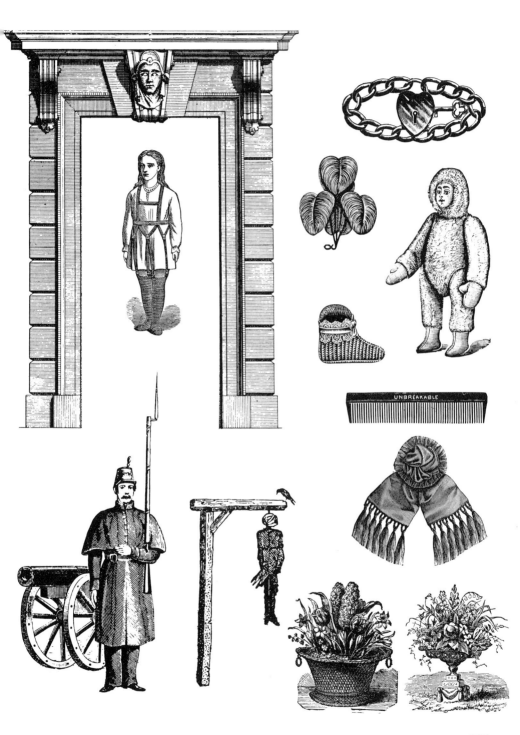

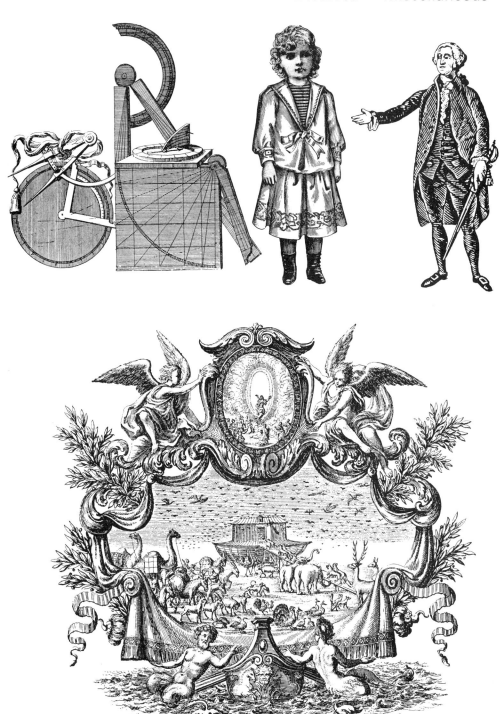

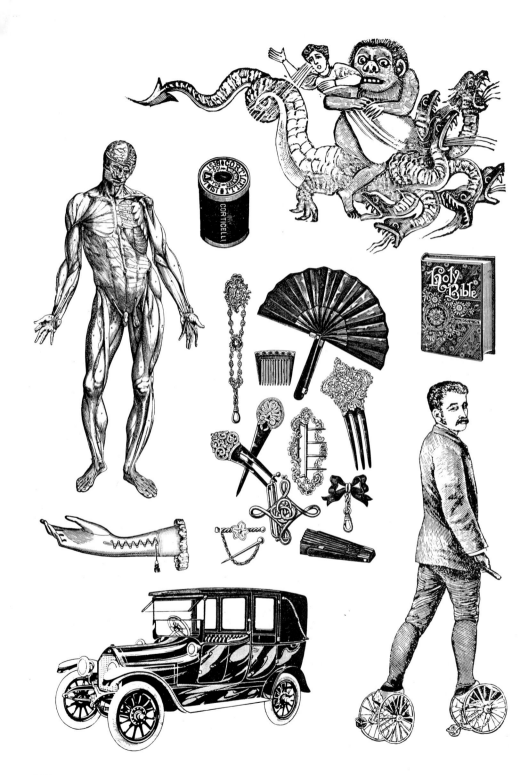

338

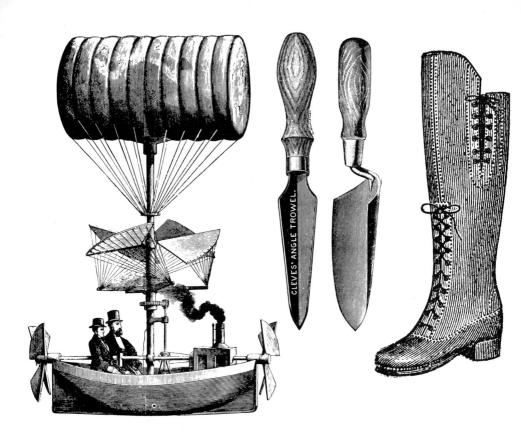

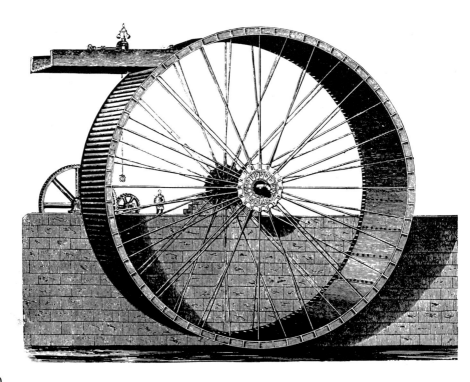

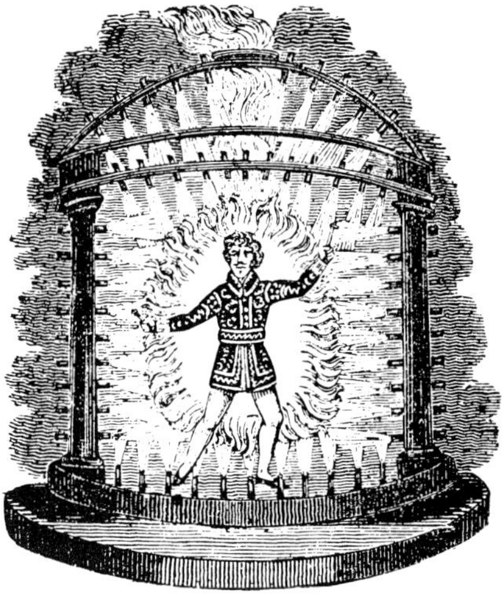

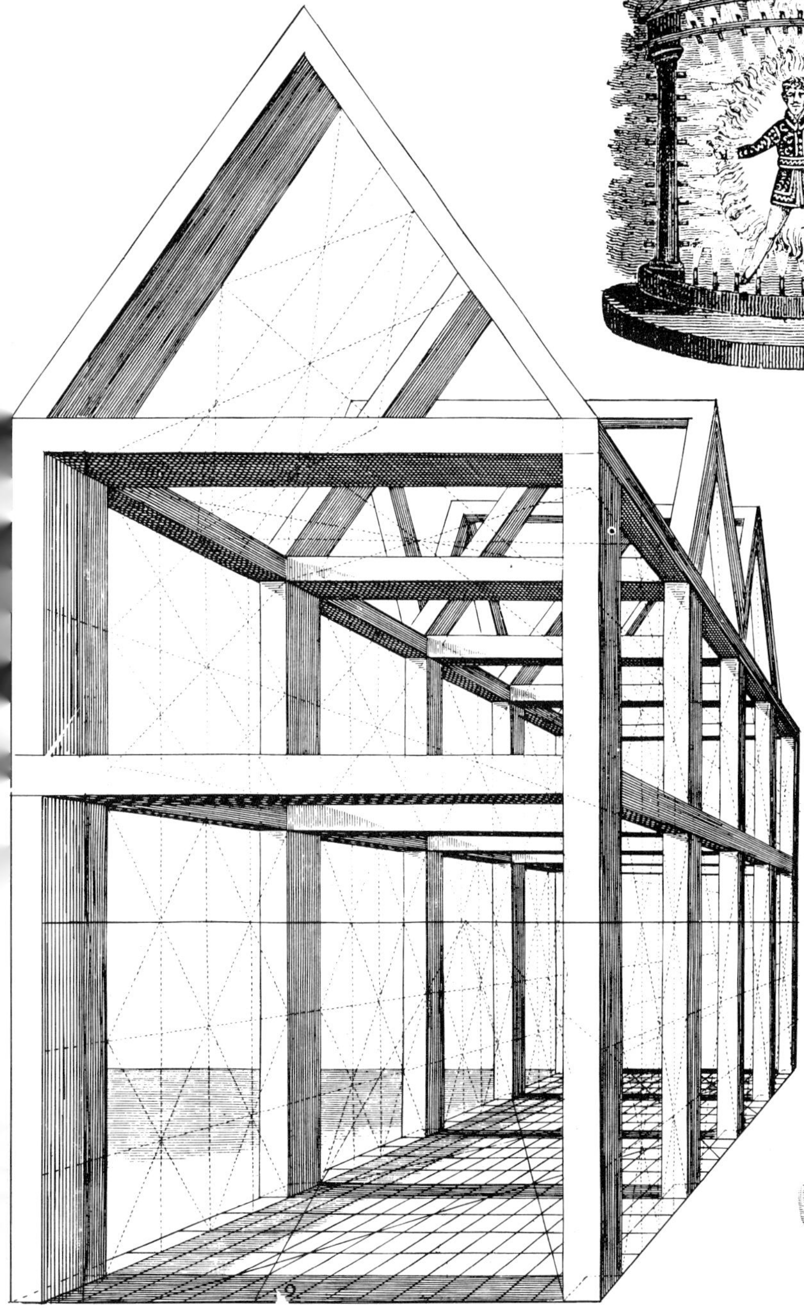

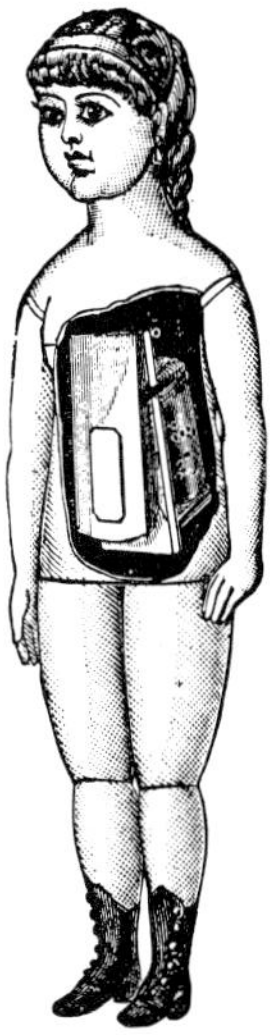

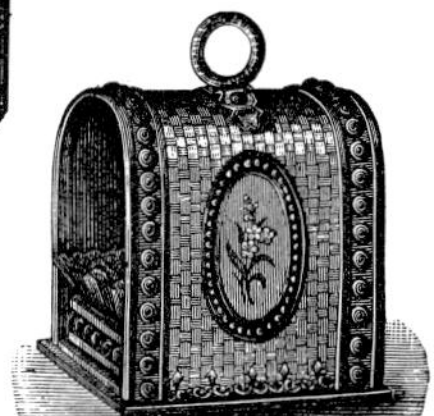

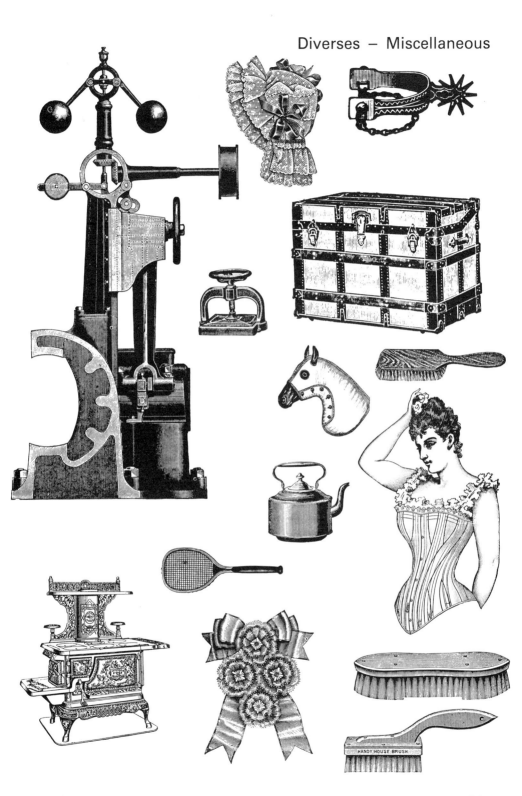

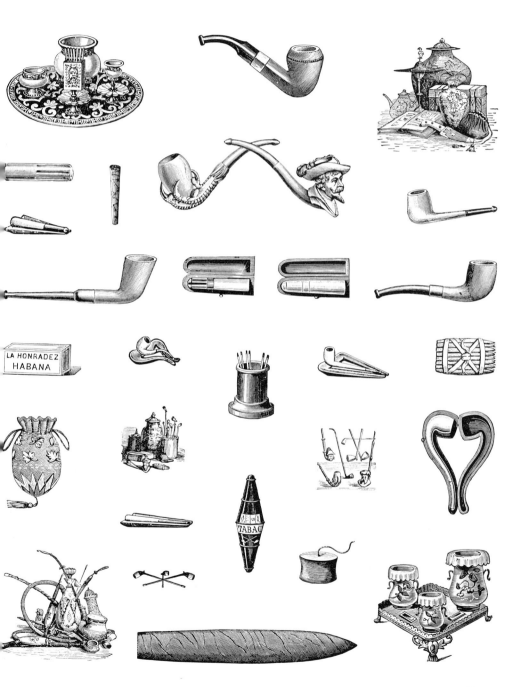

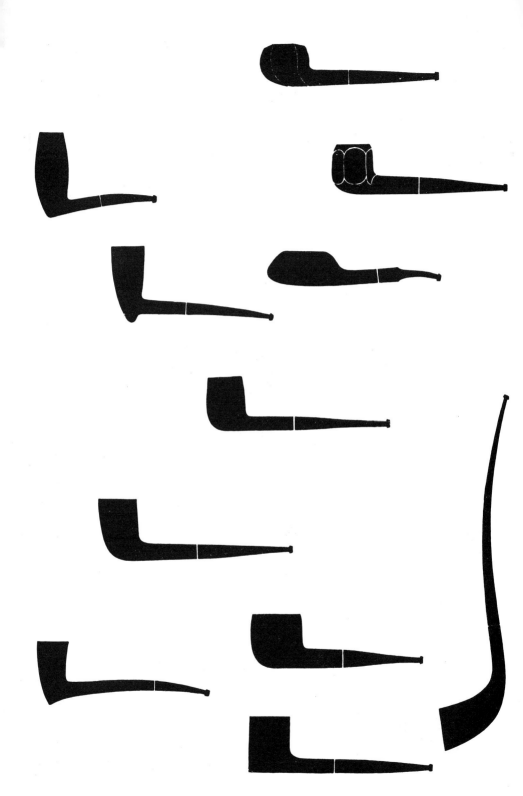

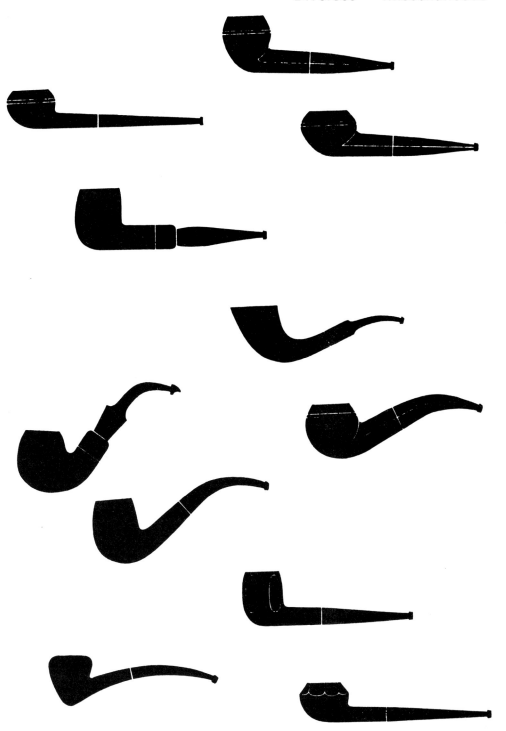

L.Beuzon
1906

GRAND
CONCERT
MILITAIRE

Dieser Schützenstock
wird mit jedem belie-
bigen Cantonal- oder
Local-Wappen
ohne Preiserhöhung
geliefert.

363

Quellennachweis – Sources

Buchmann, Dorothea (Hrsg.): Vignetten & Typographischer Schmuck aus Schriftmusterbüchern zwischen 1830 und 1870. Technische Hochschule, Darmstadt 1981

James Conner's Sons: Specimens of Electrotype cuts, Corners, Ornaments & Tints etc. Morgan & Morgan, Inc. Hastings-on-Hudson, New York, Repr. 1972

Gebrauchsgraphik, Jahrgang 1940, Heft 4 und Jahrgang 1942, Heft 9. Frenzel & Engelbrecher »Gebrauchsgraphik« Verlag, Berlin

Gillon, Edmund V. Jr. (Hrsg.): Picture Sourcebook for Collage and Decoupage. Dover Publications, Inc., New York 1974

Hart, Harold H. (Hrsg.): Hart Picture Archives. Vol. 1, A Compendium. Hart Publishing Comp., New York 1976

Hochrain, Helmut: Das Taschenbuch des Pfeifenrauchers. Heyne Verlag, München 1981

Hornung, Clarence P. (Hrsg.): Handbook of Early Advertising Art. Dover Publications, New York [3]1956

Le Tissier, David (Hrsg.): Instant Graphic Techniques. © Graphics World Ltd. Miller House, Maidstone 1980

Pothorn, Herbert: Knaurs Tierbuch für die Jugend. Droemer Knaur, © München/Zürich 1971

Schattenbilder. Aus der Entstehungszeit der klassischen deutschen Literatur in Weimar. Nationale Forschungs- und Gedenkstätten der klassischen deutschen Literatur in Weimar, 1976

Stiebner, Erhardt D./Urban, Dieter: Zeichen + Signets. Signs + Emblems. Bruckmann Verlag, München 1982

5000 Vignettes françaises fin de siècle. J. J. Pauvert, 1966

Zeichen. Institut für Buchgestaltung an der Staatlichen Akademie der Bildenden Künste in Stuttgart. © Stuttgart 1984

Die Abbildungen auf S. 250 und S. 251 haben wir mit Genehmigung des Bibliographischen Instituts, Mannheim, dem »Duden«, Band 3 – »Das Bildwörterbuch«, © 3. Aufl. 1977 entnommen.

Die Abbildungen auf S. 62 und S. 282 bis 301 stellte uns Werner Eckhardt, Paganistraße 58, 8000 München 60, zur Verfügung.
Wir danken Herrn Eckhardt für die freundliche Überlassung seiner Grafiken und weisen darauf hin, daß diese urheberrechtlich geschützt sind.

Erhardt D. Stiebner/Dieter Urban
Initialen + Bildbuchstaben
Text in Deutsch und Englisch.
Initials + Decorative Alphabets
Text in German and English.

Philipp Luidl/Helmut Huber
Ornamente/Ornaments
Text in Deutsch und Englisch.
Text in German and English.

Erhardt D. Stiebner/Heribert Zahn/
Wilfried Meusburger
Drucktechnik heute Ein Leitfaden
Text in Deutsch.
A guide to modern printing techniques.
Text in German.

Erhardt D. Stiebner/Helmut Huber/
Heribert Zahn
Schriften + Zeichen Ein Schriftmusterbuch
Text in Deutsch und Englisch.
Types + Symbols A Type Specimen Book
Text in German and English.

Erhardt D. Stiebner/Helmut Huber
Alphabete/Alphabets
Ein Schriftatlas von A bis Z
Text in Deutsch und Englisch.
A Type Specimen Atlas from A to Z
Text in German and English.

Erhardt D. Stiebner/Dieter Urban
Zeichen + Signets
Eine Sammlung internationaler Beispiele
Text in Deutsch und Englisch.
Signs + Emblems
A Collection of International Examples.
Text in German and English.

**Bruckmanns Fachbuchreihe
für gestaltende Berufe
Bruckmann's Technical Book Series
for the Designing Professions**

Dieter Urban
Text im Kommunikationsdesign
Zur Gestaltung von Texten für die visuell-verbale, audioverbale und audiovisuell-verbale Kommunikation.
Text in Deutsch.
On the organization of texts for visual/verbal, audioverbal and audio-visual/verbal communication.
German Text.

John Halas
Graphics in Motion
Vom Trickfilm bis zur Holografik
Text in Deutsch und Englisch.
From the Special Effects Film to Holographics
Text in German and English.

 *Weitere Sachthemen sind in Vorbereitung
Further subjects are in preparation*

Bruckmann München

Postfach 27, 8000 München 20